Ongeluckige Voyagie,

VAN 'T

SCHIP BATAVIA,

NAE

OOST-INDIEN

Uyt-gevaren onder de E. *François Pelsaert.*

Gebleven op de Abrolhos van Frederick Houtman, op de hoogte van 28. en een half graden / by Zupden de Linie Æquinoctiael.

Vervattende 't verongelucken des Schips, en de grouwelijcke Moorderyen onder 't Scheeps-volck, op 't Eylandt *Bataviaes Kerck-hoff;* nevens de straffe der handtdadigers in de Jaren 1628. en 1629.

Hier achter is noch by-gevoegt eenige discoursen der Oost-Indische Zee-vaert / als mede de gantsche gelegentheyt der Koopmanschappen die men in Indien doet.

t'AMSTERDAM,

Voor Joost Hartgers, Boeck-verkooper in de Gasthuys-Steegh / bezyden het Stadt-huys / in de Boeck-winckel. 1648.

JOURNAEL,

Ende

Historisch verhael van de On-geluckige Reyse gedaen naer

OOST-INDIEN,

Door

FRANCOIS PELSAERT van Antwerpen,

Koopman op het Schip BATAVIA. *Den 28.*
October 1628. *uyt Texel gezeylt.*

Aer dat den Heer Generael Pieter Carpentier in Junio des jaers 1628. met vijf rijcke retour-Schepen upt de Oost-Indien behouden in 't vaderlant gekomen was: en dat de Bewinthebberen haer dry ghearresteerde Schepen/ verleden Jaer met den Commandeur Ian Karstensz van Embden (upt Suratta gekomen) van 't beslagh upt Engelant ontslagen hadden; heeft sulcks geen kleyne couragie/ ende ghelegentheyt tot nieuwe equipagie ghegeven: wert weder een vloot van elf Schepen derwaerts gesonden/ met welcke de Heer Generael Jacob Specks mede varen soude: op dese Schepen heeft hem begeven de wel-besochte Mathematicus Iohan Walbeeck, zijnde een persoon curieus ende neerstig om de natuer ende gelegentheden der Oostersche landen naeuw te ondersoecken. De Heeren Bewinthebberen ter Kamer van Amsterdam/ twee Schepen ende een Jacht by tijdts ghereet hebbende/ hebben (om gheen tijdt te verliesen) de selbige voor naer Texel afghevaerdight/ genaemt zijnde als volgt: Batavia, op 't welck als Commandeur was François Pelsaert van Antwerpen Dordrecht, tot Opper-koopman op hebbende den Fiscael Isaac van swaenswijck van Leyden: ende het Jacht Assendelft, daer als Onder-Koopman mede voer Cornelis Vlack van Amsterdam: zijn den 28. October/ upt Texel in Zee gheraeckt.

Haer reyse vervoorderende/ ende door storm ofte andere ongelegentheden van den anderen geraeckt zijnde/ oock niet sonderlinghs als ghemeyne coursen/ ende dagelijcksche Scheeps-dingen voorvallende/ niet waerdigh om in 't licht ghebracht en door den druck gemeen gemaeckt te werden/ vermits den Leser sulcx door de veelboudige gedruckte reysen te verdrietigh valt; soo sullen wy niet dan dat gedenckwaerdigh is voor den dagh brengen.

Het Schip Batavia sich alleen bevindende/ ende haer tijdt op de reyse doorgebracht hebbende tot den 4. Innij 1629. zijnde den tweeden Pincxterdagh/ mede gekomen op de hoogte van 28. en een derde graet Zuyder breete/ ontrent 9 mijlen van

1629.

Iunius.
Verhaelt
op de A-
brolhos/
daer aen
de gront
geraken.

ban 't zupd-lant/ so verdielen sp op de periculeuse drooghten Abrolhos, anders bp de Nederlanders genoemt Fredrick Houtmans klippen. Den Commandeur Francois Pelsaert in sijn kope sieckelijck legghende/ zijnde bolle Mane-schijn ende goet weder/ twee uren boor den dagh/ ende des Schippers wacht/ soo boelde hp met een hant/ 't Schip schrickelijck bewegende/ het Roer stooten/ende sijn baert datelijcken tegens de klippen stupten/ so dat hp Koopman upt sijn kope biel, waer op hp terstondt naer boben loopende/ alle de zeplen in top bebont/ cours N. O. ten Noorden/ met eenen Z-Westen wint den gantschen nacht geweest zijnde: bebonden haer als-doen met 't Schip midden in een decken schupm legghen/ doch met wepnigh berninge/ dat wel haest beranderde/ bermits sp korts de Zee rontom seer hart op haer hoorden aenbreecken, daer op den Commandeur den Schipper heftigh toespzack/ hem te laste legghende / dat sp boor sijne bermetene onachtsaemhept dus om den hals geraeckten; daer hp op antwoorde sulcx sijn bersupm niet te wesen/ alsoo hp niet geslapen/ maer wel gewaeckt ende boor upt op alles acht genomen had; want 't schupm ban berde boor upt siende/ so braeghde hp teghens Hans de Bosschieter (die mede de wacht had) wat mach dat wit zijn? die tot antwoort gaf sulcx 't blickeren ban de Maen te wesen daer sp te breden zijnde haer op berlieten; Den Commandeur braeghde wijders/ wat raedt nu/ en waer ontrent meent ghp dat wp zijn? dat is Godt bekent sepde den Schipper/ dit is een onbekende droghte/ die een groot stuck ban lant moet leggen/ ick meene dat wp op een steert sitten/ en misschien is 't laeg water/ laet ons een ancker achter upt brengen/ mogelijck sullen wp 't daer noch wel afwinden. Dep Commandeur wijders bragende wat diepte sp daer mochten hebben/ kreegh tot antwoort sulcx niet te weten; dies hp het loodt halen liet / en bebondt aen 't achter-schip maer 17. ende 18. boeten waters te wesen/ doch aen 't boorschip beel minder/ des naer de Schippers segghen ban gheboelen-bleben/ op een onbekende drooghte in Zee geraeckt te zijn / sulcks dat resolveerden 't geschut tot lichtinghe ober boordt te werpen/ ende de boot met de schupt in Zee te setten/ op hoope ban weder blot te werden; onderwijlen om 't Schip ghediept hebbende/ bebonden ontrent een pijlschoot achter upt 7. bademen waters/ doch boor heel droogh/ so dat sp een werpancker baerdigh maeckten / om 't selbighe achter upt te brenghen. Onderwijlen begon 't met regen-bupen seer hart te waepen/ sulcx dat de Boot met een stortinge waters ban boort gesmeten wiert dies hp wegh-dreef/ soo dat sp ghenootsaeckt waren haer schupt derwaerts te senden/ om haer te helpen op-roepen/ dan eer sp weder aen boort quamen was 't dagh geworden; haer alsdan rontsom in de klippen ende drooghten bonden / daer het Schip boor 't schielijck ballen ban 't water (bermits met hoogh tp daer op geraeckt waren) seer begon te stooten/ ende te branden/ dat sp daer niet langer op gaen ofte staen konden; soo resolbeerden haer groote mast ober boort te halen/ berhoopende ban de klepne in 't stooten soo beel perijckels niet en hebben/ sulcks ban in 't werck gestelt zijnde/ bebonden haer seer bedroogen / door dien sp hem ban boort niet konden qupt worden/ soo dat hp haer seer hinderlijck was/ om weghens de groote barninghe/ de Boot aen boort te legghen: konden daer ontrent gheen landt beoogen/ dat naer gissinge met hoogh water niet onder en bloepde/ als alleen een Eplandt ontrent drp mijlen ban 't Schip gelegen; dies den Schipper naer twee klepne Eplandekens (ofte klippen) gesonden wierdt/ niet berre ban 't Schip/ om te besichtigen of men daer de Menschen ende eenigh goedt soude konnen berghen; die ten neghen uren weder Scheep komende/ rapporteerde die ooghschijnelijck wel niet

onder

onder te bloeden / maer datse wegens de rotzen ende klippen moepelijcken ende
periculeus waren aen te doen / vermits men aen d'eene zijde om de droogten met
de schuyt niet wel konde te lande komen / ende aen d'ander zijde ettelijck badem
waters bevonden wierden; Niet te min wiert goet gevonden / so wegens het ghe=
schrey ende kermen der vrouwen / krancken ende kinderen / als slaphertigheyt ee=
niger armhertige menschen / 't volck daer eerst aen lant te stellen; om onderwijlen
't gelt en de kostelijckste goederen boven te krijgen: daer de principaelste Over=
heden haer upterste best toe deden; dan de straffe des Heeren scheen haer over 't
hooft te hangen / want tegens alle neerstigheyt ende devoir die aengewent wier=
den om het schip in ly over te doen hellen / beviel het door de oneffene steyle klippe
daer het op sat / recht contrarie / 't welck veroorsaeckte dat het Volck seer lanck=
saem upt 't Schip geraeckte: oock was het schip ten tien uren al geborsten / so dat
sy genootsaeckt ware met aller vlijt wat broot upt de broot-kamer boven te krij=
gen; alsose om aen landt water te bekomen hope genoeg hadden; doch alles / jae
Hemel ende aerde scheen haer tegens te wesen / vermits haer yver door den god=
loosen ongebonden hoop / soo van Soldaten als Bootsgesellen ghestut ende belet
wiert / om dats' upt 't ruym weg ens den dranck niet te houden waren / soo datse
tot yets te bergen niet konden geraecken / ende het geheele ruym dronck wiert /
sulcks dat ter nauwer noot noch anderhalf legger / die boven op 't Schip gereet
laghen met Emmers ende Kitten vulden; soo dat dien dagh daer mede verliep /
hebbende maer dry tochten met Volck aen Landt ghedaen / met welcken hondert
tachentigh Zielen / twintigh baten broot ende eenige tonnekens water geberght
wierden.

Den Schipper eenigh volck / met een Iuweel-kassen aen landt gebracht heb=
bende / ende naer Sonnen ondergangh met de Sloep weder aen boort ghekomen
zijnde / verklaerde tegens den Commandeur dat hy niet te helpen / dat sy water ende
broot te landen bergden / vermits 't sonder ordre verslonden wiert / yeder sijn be=
komste drinckende; en dat sijn verbieden geen kracht nochte bidanck op brache /
't en zy hy daer andere ordre in stelde: daer op den Commandeur / datelijcken in
de Schuyt gevallen ende naer landt gevaren is / (om weghens de meenighte der
menschen ende schaersheyt van 't water / het rantsoen te stellen / also daer geen ap=
parentie was / om door eerst meer te bekomen; so dat genootsaeckt waren / 't sel=
vige tot lijfs onderhout soo langhe te strecken als 't moghelijck konde zijn /) met
meeninge van datelijck weder naer boort te keeren; om volghens resolutie / met
de naeste tocht het gelt te lande te brenghen; dan hy was nauwelijcks van boort
ghesteecken / of het begon seer hart te waeyen / soo dat het buyten menschelijcken
macht was weder ov' Scheep te komen / sie hadden quaet genoegh dat sy te Lant
quamen / zijnde in groot perijckel van de Zee bestolpt / ofte weegh gedreven te wer=
den / sulcks dat tegens wille dien nacht te lande blijven mosten.

Den 5. dito / voor dag setten sy een party volcks met eenigh broot ende water
op het grootste Eylant / soo dat haer in twee partyen tot bequamer gelegentheyt
gescheyden hebben. Den Commandeur met de Sloep / ende den Schipper met
de Boot weder naer 't Schip varende / so quam de Sloep met veel arbeyt / schree=
ten ende langh roepen eerst des middaeghs daer ontrent / welck geluck die van
Boot niet en genoten / vermits sy het wegens den hollen zee niet konden op roe=
pen / veel min met laveren bezeylen / en dat door ghebreck van swaerden / soo dat
genootsaeckt waren weder naer 't Eylant te keeren.

De Sloep met den Commandeur ontrent 't schip zijnde / so konden wegens de

aa 3

bar=

barninge niet aen boozt geraecken/ wat moepten ende periculen sp oock aenwen-
den/want de stoztingen liepen ober de Compagnie heene/ so dat langen tijt daer-
om bleben hengelen / op hope ban eenige gelegentheyt daer toe waer te nemen;
doch alles te bergeefs zijnde / soo wasser ten laetsten een Timmerman ban Am-
sterdam / Jan Egbertsz ghenaemt/ die hem berstoute upt het Schip door de bar-
ninge ende stoztinge aen de Sloep te zwemmen / met bede dat men den Onder-
koopman Jeronymus Cornelisz/ met noch sebentigh mannen t'Scheep zijnde / te
hulpe soude komen/ om geberght te werden/ alsoo op 't Schip geen lijfberginge
meer hadden/ waer upt men wel afnemen kan/ hoe sp ten bepde zijde te gemoede
waren/ den eenen om te helpen / ende de anderen om ghehulpen te worden; daer
ban geen middel toe zijnde/ soo bersocht den Commandeur bijf/ ses plancken oft
deelen upt het Schip te hebben/ so 't doenlijck waer dat die ober boozt souden ge-
smeten werden/ op dat sp die souden bisschen/ om zwaerden tot het Boot daer
ban te maken; boozts dat sp een bloot ofte twee souden toerechten/ om in tijt ban
noot haer lijf daer mede te bergen; noch dat hp Commandeur niet naerlaten sou-
de/ ter eerster gelegentheyt met de Sloep en de Boot t'Scheep te komen / om het
gelt te halen/ ende 't selbige in berseeckeringe aen lant te brengen ; met dese boots-
schappen is den boozsz Timmerman Jan Egbertsz weder naer 't Schip gezwom-
men/ daer behouden aen boozt komende/ so wierpen sp datelijck ses planché ober
boozt/ die bp die ban de Sloep gebischt wierden/ waer mede sp met herten-leet/ en
tot haer aller groot leetwesen/ weder naer 't Eplant keeren mosten; te lande ghe-
komen zijnde/ bonden den Timmerman besig met een zwaert te maken ban een
stuck ban een stenge/ die daer aen lant was komen drijben; des naermiddags be-
gon 't upt den N. westen seer hart te waepen ende te stozmen/ sulcx dat het Schip
aldaer so ban de baren bebochten wiert/ dat men 't dickmaels niet sien konden/
en meer als wonder scheen/ dat het noch aen den anderen bleef. Die aen het lant
ober-rekende op den abont haer bersch-water datse in klepne baetjens behouden
te lande gebergt hadden bebondé sulcx op het klepnste Eplant daerse met 't Boot
en de Schupt baerrigh menschen sterck waren tachentigh kannen waters/ ende
op het grootste Eplant boor hondert tachtentigh zielen noch beel minder ; Des-
halben was 't een bang sien/ ende 't gemeen bolck begon te murmureeren/ waer-
omse op de Eplanden ofte daer ontrent geen bersch water gingen soecken/ alsose
sonder 't selbige aldaer niet lange blüben konden/ sonder gesamentlijck seer deer-
lijck ban doyst om den hals te komen; den Schipper dat den Commandeur aen-
gedient hebbende/ ende daermen sonder tot sulcx te resolbeeren/ het bolck wel haest
souden sien mutineren; oock datse wel met de Boot souden doorgaen / soo kon 't
rchter noch niet ingewilligt werden/ en wiert bp den Commandeur boorgestelt/
men soude de upthomste han 't weer ende Schip uptwachten/ want men 't boor
Godt/ de Bewinthebberen en de H. Overigheydt op Batavia niet souden konnen
berantwoozden sa een schoon bolck/ ende des Compagnies rijcke middelen licht-
haerdelijck/ sonder tot bergen meer naerstigheyt doende/ te berlaten; daer seer te-
gen geprotesteert wiert/ ende bp de geenen die willigh waren om aen de Eplandé
ofte het baste zupder lant water te gaen soecken/ beloften gedaen/ aen wat lant sp
souden komen bersch-water te bindé/ dat weder souden keeren/ om het bolk met
sa beel tochten waters te bersien/ als bebonden soude werden noodig te zijn; doch
spndelijck alles wel oberwoggen ende gedebateert/ oock in bedencken ghenomen
zijnde/ geen hope te wesen ban eenig water upt het Schip meer te bekomen/ 't en
ware 't selbige aen stucken stiet/ en dat soo de leggers na 't lant quamen drijben/
                      ende

ende gebist wierden/ofte datter dagelijcx grooten regen van den hemel viel/waer mede veel water konden vergaren om haer soo te laden/ende onder houden;doch dit alles onseecker/ende dat daer geen vaste staet op konde gemaeckt werden/soo is den Commandeur eyndelijcke naer veel biddens bewogen/ende gheresolveert (gelijck hier naer wijders by de resolutie te sien is) datse met de boot naer de Eylanden ofte 't vaste lant souden varen/om water te soecken op datse niet van dorst en versmachten: doch sulcx niet vindende/ dat als-dan op Godts ghenade haer reyse vorder naer Batavia souden vervorderen/ om den Heer Generael hare droevige noot gehoorde ongeluck te verwittigen/ende met eene hulpe tot verlossinge van 't resteerende volck te versoecken. Maer alvooren versocht de Commandeur aen den Schipper/ dat hy eenigh volck ordonneren soude/om nevens hem met de Schuyt aen het ander Eylandeken te varen/om haer aldaer de voorgaende resolutie bekent te maken; dat hem afgerade wiert/so om datse vreesden dat sy den Commandeur daer souden houden/ ende dat het hem berouwen soude; als dat niemant van de maets seer ghenegen was met hem te varen : doch hy volharde in sijn voornemen by brengende/soo hem niet toegestaen wiert naer 't ander Eylandeken te varen/ om met het volck van haer opset te spreken/dat niet soude gesint zijn uyt te varen/om vers water voor de menigte te gaen soecken,gesint zijnde met haer aldaer by des Compagnies Schip ende goederen/m et eeren te sterven; soo dat het hem eyndelijck ingewilligt wiert : dies hy een Hoogh-bootsman met ses mannen tot sijn devotie bequam/en vaerdigh waren/hem met de schuyt aen 't Eylant te brengen/doch onder bespreck/so hy daer vast gehoude wiert/dat vermoghen soude met de Schuyt van lant te steken ende voor te gaen. In deser voegen dan t'samen verdraghen zijnde/so zijnse derwaerts getrocken/den Commandeur en vaetjen waters/voor die op 't andere Eylandeken waren/mede nemende; doch onder Lant komende weygerde den Hoogh-bootsman/met sijn by-hebbende maets te landen/seggende sy sullen u ende ons houde/ wy begeeren niet naerder te komen/ hebt ghy wat te seggen/moget haer van verre toe-roepen/ wy zijn van dier meninghe niet/om ons om uwent-wille in perijckel te stellen. Den Commandeur wegens desen ontfangen hoon verstoort zijnde/meende over boort te springen/ ende hem te water te begeven/om aen lant te zwemmen/dan wiert vanden Hoog-bootsman te rugge getrocken/ ende vast gehouden/sijn volck ghebiedende weder te rugge te roepen/ dat die op 't Eylandeken alle met groot verdriet aensagen/ den Commandeur in sijn goet voornemen belet zijnde/soo dat hy Godt de saecke bevelen most/ende des avonts tegens danck wederkeeren.

Den Commandeur hem met de sijnen in dese droevige staet bevindende/ heeft eyndelijck voorgenomen/'t versch water op de Eylanden te soecken in 't werck te stellen; tot dien eynde den 6.Junij/des morgens met den dag/op een blat van een Tafel-boeck schrijvende:

Als dat hy met die daer toe genoemde,met de Boot gingen, om op de omlegghende Eylanden ofte het vaste Zuyder-lant voor haer en de haren versch water soecken;onder beloften van haer te spoeden,en so haeft weder te komen als doenelijck soude zijn.

Dit geschrift leyde hy onder een van de broot-tonnen/die sy te lande lieten/ende gingh met de Boot t'zeyl/ dry daghen aen twee besonderen Eylanden doende zijnde om versch water te soecken/dat op 't grootste inde kuytljens aen de klippe/ van den regen wel vonden/dan was van de aenspoelende Zee meest bedorven ende brack/so dat het niet om drincken/ende daer mede niet konden beholpen werden.

1629.

Junius.

Den 7 dito/ bleven sy met de Boot aen 't groot Eplant stil leggen/ wesende zijn-
de de selvige met een plancke op te boepen/ vermits sy bemerckten dat op de Ep-
landen geen versch water souden vinden/ alsoo reets veel Putten te vergeefs tot
dien eynde gegraven hadden/ soo dat genootsaeckt soude zijn/ 't vaste Zuyd-lant
dan te soecken; dat sy met een on-opgeboepde Boot niet bestaen dorsten/ vreesen-
de de Zee niet te sullen konnen bouwen. Teghens den avont saghen sy de Sloep
aen komen roepen/ die sy ontrent het Schip ghelaten hadden; daer nevens noch
thien mannen in zijnde Gillis Fransz Half-waech/ om versch water te soecken daer
mede ghekomen; dan siende dat sulcks vergeefschen arbeyt was/ ende dat die van
de Boot gesint waren/ naer 't vaste Zuyt-landt te varen/ so versochten sy met de
Sloep mede naer 't selvige over te moghen steken/ dat haer toegestaen wiert/ so
om het geselschap/ hulpe in 't water te soecken/ als om 't selvige by ongelegent-
heyt beter door de barninge te bekomen/ vermits sy niet ghesint waren met de
Schupt weder by het geselschap naer de Eplanden ende het wrack te keeren.

Den 8. dito. De boot opgeboept ende alles vaerdig zijnde / om des morgens
van dese Eplanden naer 't vaste Land te verzeylen/ soo heeft den Commandeur
sijn byhebbent volck dese naervolgende te vooren beraemde resolutie voorgelesen
daer sy in alle geconsenteert/ ende die met eeden bevestigt hebben.

Resolu-
tie.

Alsoo op alle de Eylanden ende klippen hier ontrent ons verongeluckt Schip Bata-
via gheen versch water te vinden is, om de gheberghde menschen daer mede te voe-
den, ende in 't leven te behouden. Soo heeft den Commandeur ernstelijck versocht
ende voorgedragen, dat men naer 't vaste Zuyd-lant soude, ende behoorde te varen; om
te sien of 't Godt gheliefde, ende de genade verleenen wilde, dat aldaer versch water te
vinden ende te bekomen soude zijn, om het volck soo veel tochten toe te voeren, ende
haer mede behulpig te wesen, tot datse gissinge maecken konden, een getuymen tijt het
leven daer by te konnen houden; op dat onderwijlen yemandt gheordonneert wiert, om
naer Batavia ghesonden te werden, om den Ed. Heer Generael ende sijnen Raden ons
droevig ongeluck bekent te maken, oock spoedige bystant van hem te versoecken: twelk
wy ondergeschreven alle vrywillig toeghestaen hebben, bemerckende dat ons den noot
daer toe was dwingende; ende dat wy het anders voor Godt, eñ onse Hooge Overheden
niet souden konnen verantwoorden: des wy eendrachtigh goet gevonden ende geresol-
veert hebben, ons uyterste best ende devoir te doen, om onse arme mede-broeders in
haer hoog-dringende noot te helpen ende by te staen. In kennisse der waerheyt hebben
wy dit met ons eygen hant onderteeckent, ende is by alle 't volck op den 8. Junij 1629.
besworen.

Was ondertekent

François Pelsaert.	*Ariaen Iacobsz.*
Klaes Gerritsz.	*Hans Iacobsz Binder.*
Iacob Iansz Holoog	*Ian Evertsz.*
Klaes Iansz Dor.	*Klaes Willemsz Graeft.*
ende *Michiel Klaesz.*	

Verzey-
len naer
't vaste
Landt.

Hier op haer reyse inden naem des Heeren aengevangen/ ende Zee gekooren
hebbende; soo hadden sy des middaghs de hooghte van 28. graden 13 minuten
korts daer naer het vaste Landt in 't gesicht bekomende/ naer gissinge ontrent 6.
mijlen/ Noordt ten westen van hder verongeluckt Schip leggende/ hebbende een
Westen wint/ ende gront op 25 ende 30 vadem water; des het in den avont van
't lant af-wenden/ maer middernacht daer weder naer toe loopende.

Den

Den 9. dito/ des mozghens waren sp noch ontrent dzp mijlen van de wal/de windt met wat regen meest Noozt ten Westen zijnde/ gisten dat etmael Noozdt ten Westen behouden 4.a 5.mijlen vertiert te hebben/de wal streckt hier meest N. ten Westen/ ende Z. ten Oosten; het is slecht klipachtig lant/ sonder geboomte/ ontrent soo hoog als Douvren in Engelant; hier sagen sp een inbochtien/als mede laeg dupnig Lant; daer sp meenden aen te loopen/ maer dicht bp komende / bevonden 't aen de wal seer te stozten ende te barnen/en de depningen seer hart ende hoog subijtelijcken op den wal te loopen/ soo datf het niet wel konden afleggen/ vermits de wint haer hoe langer hoe meer verhief.

Den 10. dito / hielden 't dat gantsche etmael af ende aen wegens den harden wint/ende stozm / die meer ende meer swaerder upt den N.W. biel/des genootsaerkt waren de Sloep diese mede genomen hadden te laten dzijben/ oork een party van haer bzoodt/ ende 't gene inde weg was over boozt te smijten/also sp 't water niet upt balien konden. Des nachts waren in noch grooter noot van sincken/wegens den harden wint ende 't holle water/ also sp 't van de wal niet konden leggen/ vermits geen zepl te voeren was/als alleenlijck op de Zee te blicken; hadden dien nacht een geweldige stadigen regen/ soo dat verhopen 't geberghde volck op de Cplanden dit mede hebben/om haer van water te versien.

Zijn in perijckel wegvens den stozm.

Den 11. dito/begon het wat te stillen/ alfo de wint W.Z.W. liep/hoe wenden sp 't om den Noozt; dan de zee liep even grof ende verbolgen.

Den 12. dito/des middaegs het weder wat besadigt ende klaer gewozden zijnde/bevonden alsdoen Polus hoogte van 27 graden/liepen dicht langs de wal heenen/zijnde de wint Z.O. doch konden geen gelegentgept vinden/om met de boot te lande te komen/wegens de groote barninge/ende dat de kust so stepl af-liep offe afgeklapt was/ sonder boozlant ofte eenige in-wijcken/ghelijck op andere kusten gemeen is/ so dat dit voor haer een dor verbloeckt lant scheen/ dzagende lof ofte gras.

Den 23. dito/op den middag kregen de hoogte van 25 graden/40 minuten/alsdoen bevonden haer seer om den Noozt gedzeven/ende waren om den hoeck/daer de wal meest N.N.O. ende Z.Z.W. streckte/ dit etmael meest Noozden behouden; 't Lant noch al root steen afgebickt/sonder boozlant/ zijnde doozgaens van eener hooghte/ ende weghens de stoztinghe ende barninge niet moghelicke te landen.

Den 14 dito/ des mozghens een labber koelte; doch op den dagh wiert heel stil/ hadden des middaghs de hoogte van 24 graden Noozden behouden / met een Oosten wint; de stroom lepden haer noch dagelijcks tegens haer wil seer om den Noozt/ want met wepnigh zepls dicht langs den wal liepen/naer den middagh aen lant roork siende/roepden daer naer toe/ op hope van ghelegentgept te vinden om te landen/seer verblijt zijnde/gissinghe leggende/water menschen waren/dat aldaer oork bersch water soude te vinden zijn; aen de wal komende/ soo was 't een heele steple schozre opgaende gront/steenig ende klippigh/daer het geweldig op aenbarnde/ so datse geen middel sagen om te lande te geraken/des seer dzoebigh waren/bzeesende sonder te landen weder te moeten vertrecken: Cyndelijcke ses mannen haer op 't zwemmen vertrouwende/ zijn over boozt gheszongen/die met groote moepte ende perijckel te lande geraeckten/blijvende de Boot onderwijlen bupten de barninge op 25.vadem waters aen de dzegge ghefet. De zwemmers te lande gekomen zijnde/ sochten den gantschen dagh tot tegens den avont allenthalven naer 't bersch water/ datse niet en bonden; daer mede doende zijnde

Zien te lande roork opgaen.

Iunius.
Waer
menschen
berneme.
Doch
gheen
water.

zijnde so bernamen bier menschen / die op handen ende boeten nae haer toe qua=
men kruppen; dan de onse haer onbersiens upt een leeghte/op de hoogte dicht by
komende/soo sprongen sy op/ met bollen loop de blucht nemende/ dat die in de
Boot zijnde/ beschepdelijcke aensagen; zijnde zwarte wilde menschen/ gantsch
naeckt gaende/jae selber de mannelijcke leden/ als beesten onbedeckt latende.
Den dagh by het bolck te lande/sonder water te binden dooz gebzacht zijnde/soo
quamen sy tegens den abont weder aen boozt zwemmen/alle te samen seer ghe=
quetst zijnde/ alsose met de berninge seer tegens de klippen gesmeten waren; des
gereetschap gemaeckt wiert ende de dzegge gelicht zijnde/ sochten naer beter ge=
legentheyt/den gantschen nacht de wal/buyten de barninge/met klepn zepls lan=
gens barende.

Den 15. dito / des mozgens ontrent een punct gekomen zijnde/bebonden daer
een groot Recif af te strecken wel ontrent een mijl in zee/ als mede (so scheen) een
ander Recif langens de wal/ so datf haer beste deden om tusschen bepden dooz te
loopen (alsoo 't scheen dat haer heel stil ende slecht water was) doch bonden geen
ppeninge/als tegens den middagh datse een gat sagen/daer 't niet en barnde/dan
't was periculeus/ seer sheenigh en somtijts geen twee boeten waters. Dese wal
had een dupnig boozlant/ban ontrent eē mijl bzeet eermē aen 't hooge lant quam:
Te lande gekomen zijnde/begonnen op 't gemelde booz-lant putten te delben/dan
bonden niet dan sout water; des eenigh bolck naer de hoogte trocken/ daer sy by
groot geluck eenige kuyltjens in een klip bonden/staende bol soet water/dat ban
den regen daer ingeballen was; daer sy niet weynig haren grootē dozst stolpten/
want niet meer en mochtē/en schier ten epnde gekomen waren/hebbende haer se=
dert ban 't Schip geweest waren/dagelijcr sonder eenige wijn ofte andere dzanck
met 1.a 2. muskens waters/moeten behelpen;oock bergaderden sy daer en boben
noch tot pzobisie in boozraet/ ontrent de 80. kannē waters/ blijbende de gantschē
nacht daer leggen: het scheen dat daer weynigh tijts te booren Zwarten geweest
waren/ alsose daer beenen ban Crabben/ende asch ban bper bonden.

Wat epn=
delijcke
een wep=
nigh bin=
den.

Den 16. dito/dagh ghewozden zijnde; resolbeerden berder landewaerts in te
gaen/op hope ban in 't gebergte meer diergelijcke kuyltjens met bersch water te
binden; dan haer soecken was te bergeefs/ also bemerckten dat in 't gebergte in
langen tijt niet geregent had/ oock wasser gheen apparentie ban loopent water/
alsoder achter 't selbige weder heel slecht lant was/dzagende boomen/sober noch
gras/als allenthalben hooge Mieren-hoopen ban aerde opgewozpen/ban berre
niet qualijcke Indiaensche wooningen gelijckende: oock bloogen daer sulck een
meenighte ban bliegen/dat upt mont/ oogen oft aengesicht niet te weeren warē.
Sagen hier mede acht zwarte menschen/elck een stuck in de hant hebbende/die
wel tot een musquet schoot berre by haer quamen/ dan siende de onsen naer haer
toe komen/ koosen het hasen-pat/ soo datse tot geen spzaeck ofte stil staen te krij=
gen waren.

Groote
Mier=
hoopen
ende mee=
nigte ban
bliegen

Siende dan datter geen apparentie was/ ban meerder water te bekomen/soo
resolbeerden sy tegens den middag te bertrecken/en t'zepl gaende liepen dooz een
andere openinge ban 't boozsz Recif/ wat Moozdelijcker leggende; hebbende al=
daer de hoogte ban 22.grad.17.minuten/ ban meninge naer Jacob Remmesz Re=
bier te loopen; maer de wint M. Oost loopende/so kondense den wal niet houden;
soo dat deshalben ghenootsaeckt waren te resolbeeren (bermits schoon ober de
100. mijlen ban haer Schip ende ghelaten bolck berzeplt waren/sonder water te
binden / om haer daer mede by te staen / dan alleenlijcke tot onderhoudt ban
haer

Jacob
Rem=
mensz
Rabier.

1629.

Junius.

Verzeylen naer Batavia

haer selben/en dat noch op een rantsoen ban 2. mutskens des daeghs) haer beste te doen/om haer reyse in de name Godes/naer Batavia soo spoedelijcke te verboz-deren/als eenighsints soude mogelijcke zijn / om den E. Heer Gouverneur ende zijn Raden/ haer ongheluck aen te dienen; met versoecken ban secours/ ende soo spoedige hulpe/ om 't gelaten bolck te bergen/als eenigsints soude doenlijck zijn.

Den 17. dito/betogen lucht/so dat des middags geen hoogte bequamen/maer met een N. W. ten Noozden top-zeyls koelte ende dzoog weder/behouden N. O. ontrent 15. vertierende.

Den 18 dito/als noch des middags geen hoogte gehad/dat zijn dat etmael naer gissinge met eenen W. N. Westen wint 10. mijlen gezeplt/ hebbende rouw hart weder/met regen ende wint/die op den middag N. O. een weynigh ten Noozden liep; doen leyden sy het om den West.

Dit rou regenachtig weder den 19. dito/noch aen houdende/so konken weder geen hoogte bekomen/ dan gisten met een N. W. wint ten westen ongebaer seven mijlen N. N. Oost behouden gezeplt te hebben.

Den 20. dito / bebonden haer des middaghs op de hoogte ban 19. graden 22. mijnuten/ende dit etmael ontrent 22. mijlen Noozd. behouden vertiert te hebben/ zijnde de wint West Zupd-West/met een flap top-zeyls koelte/te met was regent haer onder.

Den 21. dito/konden des middags weer geen hoogte schieten/hebbende naer gissinge Noozden behouden ontrent 23. mijlen vertiert/loopende de wint van het Zupd-Westen tot het Zupdt-Oosten bebindende te met wat koelte / dan weder stilte.

Den 22. dito/ haddense des middaghs de hoogte ban 16. graden/ 10. mijnuten/ daerse seer in verwondert waren/ niet konnende bedencken hoe sy soo beel bzeete gewonnen hadden/ doch 't scheen dat de stozm haer geweldig om den N. gevoert had/in dit etmael zijnse ontrent 24. mijlen Noozden behouden ghezeplt/de wint met flappe top-zeyls koelte meest Zupd-Oost zijnde.

Den 23. dito/konden geen hoogte bekomen/hebbende naer gissinge 16. mijlen N. van Westen behouden gezeplt; den wint dien dag ban het Oosten tot het Westen heen ende weder loopende/zijnde variabel regenachtig weder/ met beel stilte vermengt/de wint des abants met koelte Z. Z. O. schietende.

Den 24. dito/was het dzoog weder / met top-zeyls koelte uyt den Z. Oost ten Zupden/hebbende des middags de hoogte ban 13. graden/ 30. minuten/ende dat etmael N. ten Westen behouden 25. mijlen vertiert.

Den 25. dito/hadden sy een Z. Oosten wint/met een dzoog weder ende top-zeyls koelte/haer des middags op de hooghte ban 11. graden/ 30. minuten bevindende/en 31. mijlen Noozt ten Westen ghezeplt zijnde/ so sagen dien dagh beel steen-kroos dzijben.

Den 26. op dato gekomen zijnde op de hoogte ban 9. graden/ 56. minuten/hadden met een Zupdt-Oosten wint dzoog weder/ende zijn dit etmael N. ten W. be-houden ontrent 24. mijlen gezeplt.

Den 27. dito / den wint Zupd-Oost/top-zeyls koelte/ende regenachtigh we-der/soo dat geen hoogte konden bekomen; naer den middagh saghen sy het lant ban Java naer gissinge ban op 8. graden leggen/noch 4.a5. mijlen ban de wal zijn-de/ des sy haer cours West Noozt-West langhens de wal heen setten tot tegens den abont/dat sy een hoeck booz uyt sagen/daer een Eplandeke bol geboomte ban af lagh / in den doncker booz bp de booztz hoeck heenen zeplende/ daer een Recif van

Sien het lant ban Java.

1629.

Iunius. van af ſtrecktede/ ende bevonden achter 't ſelve een grooten in-bocht/ daer N.N. Weſt in zeplende/ wierpen 't aen de dregge op 8 vadem waters/ harde gront/ daer den gantſchen nacht bleven leggen.

Den 28. des morghens de dregge gelicht hebbende/ roepden naer 't landt om verſch water te ſoecken/ alſoo wegen geleden dorſt ſeer af gemartelt waren ; te lande komende/ bevonden ſy tot haer grooter geluck een af-loopent waterken/ (Godt voor ſijne genaden niet ghenoegh konnende dancken) daer ſy hare groote dus lange geledene dorſt-noodt bluſteden/ en haer baetjens met water ghebult hebbende gingen op den middag weder t' zepl/ om hare repſe naer Batavia te vervorderen.

Den 29. dito/ des middernachts in 't tweede quartier ſagen ſy een Eplant voor upt/ dat aen ſtier-boort lieten legghen/ met den dagh waren ſy nevens de Weſte-lijckſte inbocht: dan daer moet men W. Noort-Weſt aengaen/ al-hoe-wel dat men de wal door de bocht verlieſt ; want eer men aen de Trouwens Eplanden komen ontmoetmen 't landt weder. Op den middagh bevonden haer op de hoogte van 6. graden 48. minuten/ ende dit etmael ontrent 30. mijlen/ meeſt W.N.W. behouden gezeplt: ontrent half achter-middag zeplden ſy tuſſchen de twee Trouwens Eplanden deur/ ſtaende op 't weſtelijckſte veel Clappes/ ofte Cocos-boomen; des avonts waren ſy noch een mepl van de Zupt-hoeck van Java, ende drp glaſen in de tweede wacht begonſten ſy het nauw/ tuſſchen Java ende de Princen Eplanden te naecken.

Den 30. dito/ des morghens ontrent de voornoemde Princen Eplanden zijnde/ ſoo vertierden ſy wegens ſtilte dien dagh niet meer als twee mijlen/ doch tegens den avont begon 't upt 't Weſt wat te koelen.

Julius. Den eerſten Julius/ des morghens was 't ſtil weder/ ſoo dat des middaegs noch wel drp mijlen van 't Eplant Dwars inde wegh waren/ hebbende variable winden/ die tegens den avont upt den Noort-Weſten wat begonnen te waeyen/ waer mede ſy voor up 't voorſz Dwars-inde-wegs Eplant geraechten des avonts wiert 't weder heel ſtil/ ſoo datſe den gantſchen nacht roepen moſten.

Den 2. dito/ des morghens aen 't Eplant (Toppers-hoetjen genaemt) komende/ ſoo moſten ſy weghens de ſtilte tot elf uren op de dreggen blijven legghen/ de Zee-wint verwachtende/ doch kreghen daer weynigh koelte mede; ſo datſe dien gantſchen dagh weder roepen moſten/ hebbende des avonts maer twee mijlen ghewonnen. In 't ondergaen der Sonne ſagen ſy (ontrent het Eplant Dwars inde wegh) een zepl achter upt/ liepen deshalven onder de wal/ de dreg inde gront werpende/ om 't ſelve in te wachten.

Sien een zepl.

Den 3. dito/ des morghens voor dagh de dregghe gelicht zijnde/ liepen naer 't voornoemde zepl toe/ om van 't ſelvige ſchip eenigh ghemeer te verſoecken/ om haer te beſchermen; niet wetende offer vrede/ dan oorlogh tuſſchen de Nederlanders ende Javanen was; dan dichter bp komende ſaghen drp Schepen/ zijnde het naeſte 't Jacht Sardam ; dat den Commandeur François Pellaert aen boordt voer/ verſtaende upt den Koopman van Dommelen/ dat 't grootſte Schip Fredrick Hendrick genaemt was/ daer den Heer Raemburgh , Raedt van Indien op was/ daer hp datelijcken naer toe voer; ende t' Scheep komende/ hem met droefhept des herten haer droevigh ongeval verhaelde/ die hem veel vrientſchap bewees/ ende geraden vont/ dat hp up hem Scheep blijven/ ende naer Batavia varen ſouder. De andere Schepen waeren Brouwers-hayen ende Weſop/ daer den Commandeur Grijp op was/ zijnde in Compagnie van den H. Pieter van den Broeck teſaemen

upt

upt Suratten ghezeplt; doch in Zee van den anderen gheschepden.

Den 4. dito/ is 't Schip Bommel/ upt Suratten komende/ mede bp haer ghekomen/ seggende noch eenige Schepen bupten de straet in zee gesien te hebben; sonder te weten of het Engelschen ofte Nederlanders waren.

Den 5. dito/ des avonts arriveerden sp met doncker voor Batavia op de Reede/ niet wetende hoe sp genoegsaem God de Heere voor sijn genade dancken souden. DEn Onder-Koopman Ieronymus Cornelisz Apoteker van Haerlem met noch eenige van de sijnen/als David Zeevanck Assistent/Gijsbert van Welderen, Coenraet van Huyssen ende andere complisen/hadden voor-genomen het schip (so 't niet verongeluckt had ende gebleven was) af te loopen. Dese Onder-Koopman met eenig volck/ waren noch 10. dagen/naer dat 't Schip verongeluckt was/op het wrack/tot der tijd dat het meest aen stucken geslagen was/geen raet wetende om te lande te komen, hem daer naer noch twee dagen in de Boeg-spriets mast vergende; doch op een wang van de selvige Boeg-spriet hem begeven hebbende / is so epndelijck met de selvighe te lande komen drijven; met hem te ghelijck aen komende een legger versch water/ een legger wijn ende een legger azijn. Wrint boomen men.

Weybbe Hays onderwijlen met een partp volcks naer een lanck Eplant gesonden zijnde om versch water te soecken/heeft 't selvige naer twintigh dagens soeckens gevonden.

Den Onder-koopman Ieronymus Cornelisz nu ontrent een maent naer 't blijven van 't Schip op 't Eplandt geweest zijnde/ende siende het Schip aen stucken leggen/sijn voornemen van 't selvige te overweldigen/ daer door geboorcken zijnde; bedacht voor hem niet beter te zijn (alsoo nu in absentie van den Commandeur opperste was) als alle het volck tot op veertigh mannen te vermoorden/ende dan met sijn overgeblevene schelmen/ het aenkomende Jacht (tot haerder verlossinge van Batavia derwaerts ghesonden) af te loopen; ende met 't selvighe op rpbupt te gaen/ofte tot Duynkercken, ofte in Spanjen ergens in te loopen.

Op dit sijn voornemen van dagelijcks toelegghende; heeft hp hem daer toe tot raets-lupden ende mede-hulpers dese naervolghende Rabauwen uptverkooren: David van Zeevangh, Gijsbert van Welderen, Coenraet van Huyssen, Cornelis Pietersz van Uptrecht/ Ian Hendricksz van Bremen/ Rutgert Fredricksz van Groeningen/ Hans Iacob Heylwerck van Basel / ende andere meer: Doende haer daer toe dit naervolgende schrift ondertepckenen.

WY onderfz Persoonen, om alle misvertrouwen die onder ons is ofte komen mochte wegh te nemen, verbinden by dese malkanderen op onser ziel en saligheyt, ende den grootsten eedt, van dat Godt ons soo waerachtelijck moet helpen, denanderen in alles getrouw te wesen,ende broederlijcke liefde toedragen; dat wv ondergetekenden den anderen oock in 't minsten aen lijf ofte goederē sullen beschadigen, voor den vrede eerst malkanderen mondelijck op-geseyt te hebben; in kennisse van welcken desen op den 12. Julij 1629. op 't Eylant Bataviaes Kerck-hof geteeckent.

Weybbe Hays met de sijnen om versch water te soecken/ onderwijlen noch uptblijvende/ende (soo boven verhaelt is) dat naer twintigh dagen soeckens gevonden hebbende / maeckte tot teecken van 't selvige dry vperen; doch bemerckende dat op sijn sepn geen achtingh ghenomen wiert/alsoo dien dagh tot het moorden besteet wiert; dat oock eenighe upt den moort ontkomen/met houte blotten tot hem gevlucht quamen/ die sulcke schrickelijcke droevighe tijdinghe brachten; soo heeft hp nu 45. Mannen sterck zijnde / beslooten hem met de sijnen te bescher-

schermen; ende soo sp hem quamen te bebechten/ teghenweer te bieden; maken-
de tot dien epnde geweer ban hoepen ende spijkers/ die sp aen stocken bonden.

Het bolck op dertig mannen en bier jongers nu meest bermoozt ende aen kant
geholpen zijnde; soo bonden dese schelmen goet met twee plat-gheboomde sloe-
pen naer 't hooge Eplant te trecken/om Weybbe Hays met de sijnen mede te ober-
ballen/ ende doodt te slaen; seggende/soo daer een Jacht tot haerder berlossinge
binnen door quam/dat hp 't selbe (ban haer boozgenomen aenslag) soude waer-
schouwen; sulcks dat ban haer dissepn bersteken souden blijben/ des sp mede aen
kant mosten.

Onderwijlen noch een ander partp bolcks op een ander Eplandeken zijnde; so
is David Zeevang in 't laetste ban Julio met een welgemande Sloep derwaerts
gebaren/ heeft haer oberballen/ ende alle te samen/ uptgenomen seben jonghens
ende eenige brouwen/ bermoozt.

Dese bloet-dorstighe tprannen ban 't moozden als droncken gewozden zijnde/
waren tot soodanighe bermetele hooobaerdpe ende opgeblasentheydt ghekomen/
dat niet en ontsagen des Compagnies kostelijck gebergde stoffen aen te tasten/
haer daer beel nieuwe satsoenen ban kleederen ban boende maecken/ die met so
beel goude passementen boozdende als eenigsins mogelijck was; Jeronymns Cor-
nelisz daer een goede boozganger in zijnde ; doende daer-en-boben zijn Crabon-
ten(daer hp hem best op bertroude/en die in't moozden willigh waren/)in 't roo-
de laken kleeden/met twee en drp goude passementen dick geboozt zijnde.Om de
loop haerder booshept noch rupmer toom te geben/soo hebben sp oock eenige o-
bergeblebene Brouw-lupden in deser boegen onder haer ten bupte upt-ghedeelt;
Jeronymus Cornelisz boor sijn gedeelte nemende Lucretia Ians, Hupf-brouwe ban
Boudewijn vander Mijlen; en Coenraet van Huyssen, Judigh Gijsberts, outste doch-
ter ban hare Predicant/Gijsbert Sebastiaensz, die/ soo hp 't leben behouden wilde
sulcx met gedult aensien most; boozts souden Trijntjen ende Susjen Fredericks ge-
sufters/ nebens Anneken Bosschieters/Anneken Herders ende Marritjen Lowijsen
't resteerende bolck ten diensten moeten staen;haer ten dien epnde berschepde wet-
ten boorschrijbende/ daerse haer alle met eede toe mosten berbinden/sose het leben
behouden wilden/als bp dese naerbolgende acte is blijckende.

WY onderschreven Persoonen verbinden malkanderen op onser ziel en saligheyt,
     ende soo waer als ons Godt helpen wil; volghens den voorgaenden eedt den an-
deren gehouw ende getrouw te sullen zijn, niets in 't heymelijck ofte openbaer, op den
anderen te attenteeren, veel min gedoogen geattenteert te werden, maer het ghemey-
ne besten in alles voor te staen; ende ons met dese naervolghende Vrouw-persoonen,
volgens de beraemde wetten te vergenoegen, als Lucretia Ians, Judigh Gijsberts, An-
neken Herders, Trijntje ende Susje Fredericks, Anneken Bosschieters, ende Marrit-
jen Lowijsen ; haer dien volghende te maintineeren, ende alles te doen dat tot de mee-
ste vrede is streckende.In kennisse van welcke wy desen den 16.Julius 1629.op 't Eylant
Bataviaes Kerck-hof onderteeckent hebben.

Epndelijck is de hooobaerdige bermetenhept ban desen Ieronymus Cornelisz soo
hooge gesteghen/ dat hem den naem ban koopman (alsoo daer geen Koop-han-
del te drijben was) te gheringhe was;des liet hem den tijtel ban Capiteyn gene-
rael geben/boende 't selbige den bolckeren/ses-en-dertigh mannen sterck zijnde/
met eeden belooben/ ende hem daer boor erkennen/en gehoorsamen/ als sulcx die
bpgaende geschrift is getupgende.

Wy

WY onderfchreven Perfoonen, alle hier tegenwoordigh op dit Eylant zijnde, fo wel Raets-verwant, Soldaten, Bootfgefellen, als onfen Domine, ghenen uytgefondert, en wie het foude mogen wefen, nemen aen voor onfe Opperhooft, als Capiteyn Generael, Jeronymus Cornelifz, die wy eendrachtelijcke, en yeder in 't befonder fweeren (foo waer ons Godt helpen wil) in alle 't gene hy ons fal gebieden, getrou ende gehoorfaem te fullen wefen; en wie ter contrarie doet, dat hy des Duyvels eyghen zijn fal: Hier mede te niet doende ende afleggende alle voorgaende openbare ende particuliere beloften ende eeden, die voor defen gepafleert zijn; daer onder begrepe zijnde alle heymelijcke kameraetfchappen, tentfchappen ende andere, hoedanig die fouden mogen genaemt zijn. Begeeren voorders dat het Bootfvolck onder ons niet meer Bootfgefellen, maer gelijckelijcke met de andere Soldaten onder een Compagnie fullen genaemt ende gerekent werden. Aldus gedaen en ondertekent op het Eylant genaemt Bataviaes kerckhof, den 20. Augufti 1629. En was ondertekent als volgt:

Coenraet van Huyffen	David Zeevanck.
Iacob Pieterfz Coffijn,	Wouter Loos van Maftricht.
Gijfbert van Welderen.	Gijfbert Baftiaenfz Predicant.
Reynier Heyndrickfz Bottelier.	Ian Heyndrickfz van Bremen, Soldaet.
Andries Ionafz van Luyck, Soldaet.	Rutgert Frederickfz, Slootemaecker.
Matthijs Beyr van Munfterberg, Soldaet.	Hans Frederickfz van Bremen, Soldaet.
Iaques Pilman van Pres, Soldaet.	Luycas Ielifz, uyt den Hage, Adelborft.
Andries Liebent van Oldenburg, Soldaet.	Abraham Ianfz van Yperen, Boffchieter.
Hans Hardens uyt Ditmarfz, Soldaet.	Olivier van Welderen, Adelborft.
Ieuriaen Ianfz van Bremen, Bootfgefel.	Yfbrant Yfbrantfz van Purmerent, Affiftent.
Ian Willemfz Selijns, Kuyper.	Ian Egbertfz, Timmerman.
Cornelis Pieterfz van Uytrecht, Soldaet.	Hendrick Iafperfz van Montfoort, Soldaet.
Ielis Phlipfen van Malmidier, Adelborft.	Tewis Ianfz, van Amfterdam, Timmerman.
Iohan Iacobfz Heylwerck van Bafel, Adelb.	Klaes Harmenfz van Campen, Hooplooper.
Allert Ianfz van Affendelft, Boffchieter.	Rogier Decker van Haerlem, Iongen.
Gerrit Willemfz van Enckhuyfe, Bootfgefel	Abraham Getritfz van de Siara-leonis.
Ian Pillegrom de Bye van Bommel.	Lenart Michielfz van Os, Abelborft.
Sallomon de Scanis, Onder-koopman.	

Seven ofte acht daghen daer naer weder raet gehouden hebbende/ beſloten Weybbe Hays met de ſijnen te beſpringhen; want deſe mede om den hals weſende/ ſoo hadden ſy niemant te breeſen; te meer alſo eenen Pieter Lambertſe Bootſgeſel/ met een ghemaeckt ſchuptjen ontbluſt ende by haer ghekomen was/ dieſe nevens het ſchuptjen om te ſtraffen weder wilden hebben; daer toe dan twee-en-twintigh van de oolijckſte rabauwen upt verkoren hebbende/ zijn derwaerts getrocken; naer een hart gevecht gedrongen zijnde weder te rugge te keeren. Dit haer miſluckt zijnde/ ſoo hebben eenighe dagen daer naer (zijnde in Iulio) haer aenſlagh weder herbat; tot dien eynde drp ſchuptjens met 37. mannen ghereet makende; Jeronymus Cornelifz hem ſelver daer by beghevende/ verhoopende met ſijn tegenwoordigheydt de overhant te behouden: by 't Eplandt komende/ zijn daer recht op aengevaren; doch Weybbe Hays met de ſijnen bewaerden hare poſten wel/ haer bromelijk weerende/ ſtaende aen ſtrant tot de knyen toe in 't water: Deſe verbloeckte moordenaers ſiende dat ſy met gewelt niet en konden uptrechten/ hebben den leeuwen-huyt laten baren/ het boſſen-vel te werck ſtellende/ verſochten met haer te vereenigen; daer toe den Domine, ofte Predicant gebzupckende; deſe naer veel over ende weder gaen/ ſoo veel te wegen gebzacht heeft/ dat het vech-

Soecken haer mede de broeders te bevechten.

vechten voor dien dagh gestaeckt en opgehouden is/ onder beloften van des anderen daegs het accoort met eeden te bevestigen/ en dat sy als dan Weybbe Hays ende de sijnen eenige laeckenen tot kleedinge leveren souden; daer boven het ontvoerde schuptjen weder ghenietende. Terwijlen Jeronymus Cornelisz doende was/ om door tusschen spreken vanden Predicant dit accoort te treffen; ende sulcks by de andere vernomen zijnde/ so waren die daer niet wel mede te vreden: Coenraet van Huyssen in toorn uytberstende/ seyde/ hy wildes des anderen daegs doen vechten tegens danck van die sulcks leet was. David Zeevanck dese gemaeckte vrede me-

Daer met balsbedot toe soecken te geraecken.

de seer verdrietende/ heeft onderwijlen sijn beste gedaen/ eenige Fransche Soldaten van Weybbe Hays geselschap/ met belofte van yeder 6000. guldens aen gelt te tellen/ op sijn zijde te trecken; om/ als des anderen daegs de gemaeckte vrede bevestigt soude werden/ by haer over te komen/ en te lichter Weybbe Hays geselschap aen kant te hebben. Op dese voorwaarden dan van den anderen geschepden zijnde/ so heeft David Zeevanck aen Jeronymus Cornelisz sijn handelinge met Weybbes Soldaten te kennen gegeven; hem dit schelm-stuck wel bevallende/ heeft/ om dese soldaten meer te stercken/ haer dese naervolgende brief/ met een Daniel Cornelisz, op den 23. Julij/ secretelijck toegesonden.

BEminde Broeders en Vrienden Jean Honghaer, Jean, Renouw de Mirinbry, Thomas de Villier, Jean Boniver ende Eduart Coe, hoe wy langer uwer voorgaende getrouwe broederlijcke vrientschap by ons selven overlegghen, hoe wy meerder verwonderen; dat ghy-lieden, die op 't versoeck van my den Koopman vrywillig vertrocken zijt, om het hooge Eylant te besichtigen, niet weder en keert, om bescheyt te brengen; door dien wy u altijdt geacht en ghehouden hebben voor onse grootste ende getrouste Broeders en Vrienden; ende noch uwe verbintenisse en geselschap (die wy soo waert achten als ons eygen leven) gesocht hebben, ende noch soecken naer te jagen. Maer 't gene ons vremt dunckt, is, dat ghy-lieden schijnt ghehoor te geven aen de wijs-makinge van sommige misdadigen, die hier om mutinatie de doot verdient, en deshalven naer een ander Eylant versonden waren; die buyten ons weten by u-lieden gekomen zijn: dat wy Jean Coos de Sally op het Eylant versonden hebben, is alleen geschiet ter consideratie van Jean Thierson; die, door dien hy uyt de leggers ghesopen had, medt versonde is; om dat beducht waren, dat Jean Coos hem behulpig soude zijn; 't welck wy naerderhant verstaen hebben anders te zijn, door dien hy ons presenteerde, soo hy by ons mochte leven ende sterven, Jean Thierson te doorsteken; soo hy daer toe noch gesint was, 't soude ons een aengename dienst ende vrientschap zijn. Nu dan beminde Broeders en Vrienden, begeeft u, nevens Jean Coos weder by ons, helpt de gherechtigheyt voorstaen en de misdadigen te straffen; soeckt ons voornamentlijcke levendig in handen te leveren, die, die ons eergisteren so verradelijk van ons meeste behulp (het Schuytjen) berooft hebben; als Lucas de Bottelicrs maet, Cornelis den dicken Trompetter, Cornelis de Assistent, Ian Michielsz de Dooven, Adriaen den Bosschieter, scheele Heyndriek, Theunis Klaesz, Cornelis Hellincx ende andere Bootsgesellen die by u zijn; alsoo sy sonder u weten een Compas hebben, om heymelijck met het Schuytjen naer 't vaste Lant te vertrecken. Den Koopman die een sonderling welgevallen en vertrouwen op Weybbe Hayes heeft, wenschen dat ghy hem dit secretelijcke wilt verwittighen. Voorts refereren wy ons in alles op het rapport dat brenger deses u-lieder Confrater Daniel Cornelisz, mondelinge doen sal; indien ghy hem vry geleyt geven wilt. Datum den dry-en-twintigsten Julij 1629. op 't Eylant Bataviaes Kerck-hof.

Doch mis-luckt haer.

Desen brief Weybbe en de sijnen ter hande gekomen zijnde/ ende bemerckende dat het nu met listen op haer aengelept was; soo zijn sy op haer hoede geweest.

Dese

Dese Schelmen met haren Capiteyn Jeronymus Cornelisz, des ander daeghs ses sterck/ met de beloofde laeckenen gekomen wesende/ om de gemaeckte vrede te bevestigen/ (weynigh achterdocht hebbende/dat haer valscheyt aen den dagh ghekomen was) ende te lande ghereden zijnde; soo zijnde van Weybbe Hayes volck schielijck overvallen; vier van de haren/ als David Zeevang Assistent/Coenraet van Huyssen, Gijsbert van Welderen Adelborst/ende Cornelis Pietersz van Wtrecht Soldaet doodt blijvende/ is Jeronymus Cornelisz haer opgheworpen Capiteyn ghevanghen/ende Wouter Loos 't ontkomen.

Wouter Loos van Maestricht desen dans ontspronghen zijnde/ en tijdinge van dit ongeluckigh wedervaren den sijnen gebracht hebbende; soo hebben sy hem al-te-samen by provisie/ in Jeronymus plaetse tot haren Capiteyn aengenomen: hy/ om dese nieuwe aenghenomen dienst wel upt te voeren/heeft Weybbe Hayes met de sijnen niet langhe in vrede ghelaten/ maer is hem des anderen daeghs 's morgens met twee wel-gemande Sloepen volcks weder komen bespringhen; verhopende een-mael tot haer bloedt-dorstigh opset te gheraecken/ ofte Jeronymus Cornelisz weder upt haer handen te verlossen. Geraecken selver in 't lijden.

Weybbe Hayes als een voorsichtigh man/wel op sijn hoede zijnde/en dese twee aenkomende sloepen vernemende/ heeft sijn volck op strant in ordre gestelt; die haer oock soo verweerden/ dat de aenkomende Schelmen gedzonghen waeren te vertrecken; vier van Weybbes volck seer swaerlijck gequetst zijnde. Dat anderen bes chooren haden.

Dit is wel 't voornoemste/ghedurende het uptblijven van den Commandeur François Pelsaert, onder dit ongeluckigh volck voorgevallen; waer van wy de vervolgende Historie (soo veel hebben konnen te wete komen) verhalen sullen.

Vervolgh van de Voyagie.

Den Commandeur François Pelsaert den 5. Julius voor Batavia op de Reede gekomen zijnde/ (als vooren verhaelt is) soo heeft hy hem 's ander-daeghs voorts te Lande ende ten Hove begeven/ sijn ongheluck den E. Heer Generael Jan Pietersz Koen ende sijnen Raden bekent makende / met versoeck van haestige hulpe/om de ghebergbde Menschen / ende Compagnies goederen so veel in behouden handen te brengen/als 't moghelijcken zijn soude; echter zijnder eenige dagen daer mede door-ghebracht; tot dat hem eyndelijck 't Jacht Saerdam toegevoeght is: dat dan ge-equipeert / met volck ende bibres voorsien zijnde / soo was den tijt van tien daghen verloopen eer hy schrap konde geraecken; sulcx dat eerst den 15. Julij des morghens met de landt-wint t' zepl gegaen is. Des achter middaeghs ontrent het Mensche-eters Eylant komende/ ontmoetede aldaer het Schip Leyden, zijnde den 8. May 1628. upt het Vaderlant (ofte Terel) ghezeylt; ende dat in ghesefschap met 't Schip 't wapen van Enckhuysen ; dat den 12. October laetst-leden ontrent de Sierra-leonis, door sijn kruydt opgesprongen was; soo dat maer seven-en-bijstigh persoonen/ door 't Schip Leyden ghebergt wierden; hebbende reets hondert seventigh dooden ghehad ; dan het resteerende volck was redelijck kloeck ende gesont ; alsoo sy een maent lang aen Sillebor op Sumatra ververscht hadden. Tegens den avont sagen sy mede het Schip Beets ofte Wigge van Hoorn; zijnde in de Vloot van de E. Heer Jacob Specks upt gezeylt. 1629.
Julius.

Gaen van Batabia t'zepl.

Den 16. dito/ was 't meest stil/ so dat dien dagh met zeylen weynigh vorderden/ maer dreven met de stroom de Straet hardt upt/ siende des avonts de Princen Eylanden.

1629.

Julius.

Den 17. dito/ des mozgens hadden sp de Princen Eplanden Oost Noozt-Oost van haer/ hebbende den gantschen nacht meest stilte/ dan vooz Sonnen opgangh begon het upt den Zupden op te koelen/ stelden cours Zupt Zupt-Oost; teghens den middagh liep de Windt een streeck Oostelijcker/ soo dat maer Zupdt ten Westen aenzeplen konden.

Den 18. dito/ des middaeghs peplden de hooghte van 8. graden/ 25. minuten Zupder bzeette/ zijnde de windt Zupdt-Oost/ cours Zupdt Zupdt-West/ gisten dien dag Z-West ten Zupden/ behouden cours 25. mijlen vertiert te hebben.

Den 19. dito/ soo bevonden haer des middaegs op de hooghte van 9. graden/ 5. minuten/ stellende cours met eenen Zupden Windt/ Zupdt ten Westen/ hebbende naer gissinge Zupd-West/ ten Zupden behouden 24. mijlen gezeplt.

Den 20. dito/ des middaegs ghekomen zijnde op de hooghte van 11. graden/ soo hadden den Windt Zupdt-Oost ten Oosten/ cours Zupdt ten Westen/ dat etmael Zupdt Zupdt-West 20. mijlen gezeplt zijnde.

Den 21. dito/ hadden variable Winden/ daer onder somwijlen wat stilte/ kreghen in den mozghen regen/ soo dat dertigh ofte veertigh kannen Waters ver-gaerden/ hebbende op den middagh de hooghte van 10. graden/ 38. minuten/ bp gissinge 11. mijlen Zupdt-Westen ten Zupden behouden gezeplt zijnde.

Den 22. dito/ de windt met top-zepls koelte upt den Zupdt-Oosten/ stelden cours Zupdt Zupdt-West/ neivende des middaeghs Polus hooghte/ bevonden die 12. graden/ 41. minuten/ so dat Zupdt-West ten Zupden behouden 19. mij-len meenden vertiert te hebben.

Den 23. dito/ de windt met buyen in ende upt waepende/ bevonden haer des middaeghs op 14. graden/ ontrent 21. mijlen dat etmael vertiert zijnde.

Den 24. dito/ den windt Zupdt-Oost/ cours Zupdt Zupdt-West/ ende Zupt Zupt-West ten Zupden behouden/ hebbende des middaeghs 15 graden/ 14 mi-nuten/ Polus hooghte/ en naer gissinge 22 mijlen gezeplt.

Den 25. dito/ met eenen Oost Zupt-Oosten windt/ ontrent 17 mijlen Zupdt Z.W. behouden gezeplt/ hadden des middaegs 16. graden 16. minuten hooghte.

Den 26 dito/ den windt Oost/ cours Zupdt Zupdt-Oost/ ende Zupden be-houden/ 's middaegs de hooghte van 17. graden/ 52. minuten/ hebbende in dit etmael 23. mijlen vertiert.

Den 27. dito/ des middaeghs/ bevonden haer op Polus hooghte van 18. gra-den 55. minuten/ hebbende den windt met stilte Oost ten Zupden/ gisten Zup-den/ behouden 15. en een half mijl gezeplt te hebben.

Den 28. dito/ des mozghens de windt met een mope koelte ende stozt-reghen Zupdt Zupdt-Oost schiet ende/ soo wenden 't Oostelijck over/ cours Zupden behouden/ zijnde des middaegs op de hoogte van 19. graden/ 45. minuten.

Den 29. dito/ wegens mottigh doncker weder/ des middaegs geen hoogte be-komen hebbende/ so gisten echter Zupden behouden 20. mijlen gebozdert te zijn.

Het weder den 31. dito/ opgheklaert zijnde/ soo namen des middaeghs Polus hooghte van 20. graden/ 9. minuten/ zijnde de lengte 132. graden/ 8. minuten; als-doen begon de windt te Zupdelijcken/ soo dat het Oostwaerts overlepden/ zep-lende tot in de nacht Zupt-Oost/ ten Oosten aen/ tot dat de windt weder west Zupdt-west liep.

Augusti.

Den eersten Augusti/ met een Zupdt-Oosten windt Zupdt-west ten Zup-den behouden gezeplt hebbende/ soo hadden des middaegs hooghte van 21. gra-den/ 13. minuten/ zijnde de lengte 133. graden/ 35. minuten.

In

In dier gestalte tot den 5. dito/ voortzeplende/ hebbenden haer des middaeghs op de hooghte van 24. graden/ 45. minuten/ zijnde de lengte 130. graden/ 8. minuten/ met eenen Zuyd Zuyt-Oosten Wind/ tot 's avonts Zuydt-West aenzeplende/ tot dat de windt seer variabel om ende weder liep/ soo dat genootsaeckt waren dickmaels te wenden.

Den 6. dito/ des middaegs zuyder breette van 24. graden/ 24. minuten/ hadden alsdoen harde deyningen uyt den Zuydt-Westen/ de wint seer variabel zijnde/ soo dat het te mets Oost/ ende dan weder Zuyt overleggen moesten.

Den 7. dito/ gekomen zijnde op de hoogte van 24. graden/ 48. minuten/ zepldense met eenen Zuydt Zuydt-Oosten wint Zuydt-West aen/ tot dat des nachts de windt Oost Zuydt-Oost liep/ leyden 't alsdoen met mottigh weder Zuydt over.

Den 10. dito/ des middaeghs gekomen op de Zuyder breette van 27. graden/ 54. minuten/ soo liepen met een Noordt-Oosten windt meest Oost aen/ naer dat die in ofte uyt ree/ zijnde seer hart weder.

Den 11. dito/ des voormiddaeghs den windt uyt den Westen/ soo dat West Noordt-West aengingen/ hebbende Polus hoogte van 27. graden/ 57. minuten des nachts quam hy met harde koelte uyt den zuyden ende Zuyt Zuydt-Westen.

Den 12. dito/ des middaegs gekomen zijnde op 27. graden/ 2. minuten/ hadde den windt Zuydt ten Westen/ ende cours Oost; naer den middagh variabel weder zijnde/ liep den windt Zuydt-Oost/ des het wenden.

Den 13. dito/ op den middagh gekomen zijnde op de hooghte van 25. graden/ 50. minuten/ was 't met een Zuydt-Oosten wint stil weder/ soo dat Zuydt Zuyt West ende Zuydt-West ten Zuyden aenzeplden; doch den wint daer naer variabel/ hebben 't dickmaels gewent/ naer dat hy in ofte uytschoot.

Deen 14. dito/ weghens betrocken weder gheen hooghte komende nemen/ so gisten echter op de selvighe breette te zijn/ hebbende den windt Zuydt-West/ ten Zuyden/ des met een hol water uyt den Zuyden/ Oost Zuyt-Oost aen zeylden.

Den 15. dito/ des middaghs zuyder breette van 26. graden/ 30. minuten bekomen hebbende/ soo kregen met harde koelte/ en buyigh reguachtig weder/ aen zuyden wint/ sulcks/ dat Oost zuyd-Oost mochten aenzeplen.

Den 16. dito/ des middags de hoogte van 26. graden/ 16 minuten den wint zuyden/ die des nachts zuyt-oost ten zuyden schoot/ des het westelijck over t'zeewaerts wenden.

Den 17. dito/ des middaghs gheen hooghte bekomen/ des gisten twee mijlen zuyder aen ghewonnen te hebben/ hebbende den gantschen nacht een harde koelte uyt den zuyd zuyd-westen; des morghens wierd het slecht water / ende liep de wint oostelijck.

Den 18. dito/ géen hooghte bekomende/ so gisten echter zuyder breette te hebben van 27. graden/ 15. minuten/ den wint met moy weder Oost zuydt-oost zijnde/ sulcks/ dat dat gantsche etmael zuyden aen-zeylden.

Den 19. dito/ haer des middags op 28 graden/ 19 minuten bevindende/ hadden met labber-koelte eenen oost zuydt-oosten wint/ die des morghens zuydt zuyd-west schoot/ daer het voor stijds wiert.

Den 10. dito/ des middaghs zuyder breette van 29. graden/ 10. minuten/ den wint zuyden/ ginghen oost ten zuyden aen/ des nachts een labber-koelte/ met variable winden.

Den

1629.

Auguſt.

Den 21. dito / hebben gheen hooghte bekomen / doch giſſen die als vooren; zeplden met een zupden wint/ooſt behouden aen/ hebbende harde depningen upt den Zupdt Zupdt-Weſten/ gingen voorts ooſt ten zupden aen.

Den 22. dito/ haer des middaeghs bevindende op zupder breette van 29. grad. 19. minuten ſo hadden de wint zupden/ cours noordt-ooſt; alſdoen giſten de Stier-lupden noch ontrent 15. mijlen van 't geblevene Schip te zijn.

Den 23. dito/ gekomen zijnde op Polus hoogte van 28. graden 14. min. heb-bende de wint zupdt-weſt / cours ooſt / giſten alſdoen de langte van 't landt te hebben/ dreven derhalben des nachts twee quartier/ met de fock op de maſt.

Tot den 25. dito/ des morgens ghezeplt zijnde/ hadden des middaghs zupder breette van 27. graden/ 56. minuten/ alſdoen bevonden ſp dat de ſtroom haer dat etmael gewoonelijcker wijſe om den Noordt gelepdt hadden/ oock ſagen ſp veel harde rabelinghen/ meenden oock eenighe Eplanden ende berninge van de zee te ſien / dan het was 't blicken van de Son; hadden alſdoen den windt zupden/ ten naeſten up Ooſtelijck over; des nachts in 't eerſte quartier liep hp zupt zupt-oost/ des het Weſtelijcken overwenden/ ende het wiert ſtil/ dan de zee liep ſchric-kelijcken hol/ upt den zupt zupt-weſten.

Den 26 dito/ des middaeghs 28. graden/ 5. minuten hooghte bekomen/ zijnde de winnt zupdt ten Weſten/ met groote holle zee/ die naer den middagh zupdt zupdt-ooſt ſchoot/ wenden 't Weſtwaerts over; ſoo ontrent neghen ofte thien glaſen gheloopen hebbende/ moſten 't/ weghens 't holle Water/ wederom den Ooſt legghen.

Den 27. dito/ was het den gantſchen dag meeſt ſtil/ ſulcks dat ongemaniert Weſtwaerts aendreven/ hebbende des middaeghs zupder breette van 28. graden 13. minuten / de zee hart upt den zupden aen-ſchietende; teghens den avond begon het upt den zupdt-weſten te koelen/ dies zupdt-ooſt aenzeplden/ dan hadden 's nachts weder veel ſtilten.

Den 28. dito/ op de hooghte van 28. graden/ 35. minuten gheraeckt zijnde/ lie-pen met eenen zupdt zupt-Weſten wint Ooſt aen; doen ſagen ſp het eerſte kroos drijven/ waer upt giſten haeſt landt te ſullen ſien/ liepen twee quartier/ met har-de boortgang zupdelijck aen: maer lieten 't in de dagh-wacht met de fock op de maſt drijven; den windt des morgens weder zupdt-ooſt ten Ooſten loopende.

Den 29. dito/ hadden alſdoen zupder breette van 28 graden/ 10. min. den wint zupdt-Ooſt ten zupden/ met hart weder / ſtaende de mars-zepls ter halver ſteng ſulcks/ dat wederom zupder breette verloren hebben/ des avondts wenden t' zee-waerts/ den geheelen nacht over zupd-Weſt ten Weſten aenzeplende.

Den 30. dito/ des middaghs zupder breette van 29 graden / 55. minuten heb-bende / was den windt zupd-ooſt ten zupden / de zee hardt upt den Zupdt zupt-Weſten aenſchietende.

Den 31 dito/ voor den middagh was 't heel ſtil/ ſoo dat Polus hooghte pepl-den 29. grad. 49 min. den windt naer den middagh weſtelijck opkoelende/ ſetten haer cours Noort-Ooſt ten Ooſten aen/ vermits niet wiſten hoe verre noch van 't lant waren; des morgens liep de wint Zuit-O. daer naer O. Noort-Ooſt.

Septem.

Den eerſten September/ met variable winden des middaghs zupder breette bekomen hebbende van 29. graden/ 16. minuten/ ſoo was het niet mogelijcken om den Ooſt te komen.

Den 2. dito/ des morgens liep den wint met top-zepls koelte Noorden/ zijnde des middaghs op de hooghte van 30. graden 16. minuten bevonden haer alſdoen

ſeer

Sien kroos drijven.

seer hart om den Zupdt ghedreven; des abondts boegden hem de windt Noozt-
West/ des Noozdt-oost ten Noozden aengingen.

Den 3. dito/ des mozgens met een Westelijcke wint beel kroos siende drijben/
setten hare cours Oost aen/ des middaeghs het baste Zupt-lant in 't gesicht be-
komende/ dat hem Noozt Noozt-West/ ende Z. Z-Oost streckten; daer ontrent
drie mijlen af wesende/ sagen sp 't naer gissingh noch wel bier mijlen zuptwaerts
hene strecken/ alwaer 't sich epnde; het is heel kael slecht Landt/ met sommige
Zant-dupnen/ als om den Noozdt; hadden daer op 25. badem schoone Zaht-
grondt/ en des middaeghs hooghte ban 29. graden/ 16. minuten/ haer cours met
eenen W. Zupt-westen windt / Noozdt-west aenstellende/ doch de holle depnin-
gen smeeten haer soo naer de wal toe/ dat het des abondts een mijl ban 't Landt
setten mosten/ daer twee glasen in de eerste wacht het Ancker in twee stucken
brack/ soo datse niet sonder perijckel met der haest een andr lieten ballen.

Den 4. dito/ des mozgens de wint Zupt-West ten Z. met holle depningen/ die
op den dagh Z. Zupt-west beranderde; doen lichten sp haer Ancker/ ende qua-
men boor-middagh onder zepl / haer cours West Noozt-west t'zeewaerts stel-
lende om wat ban de lager-wal te geraecken/ hebbende des middaeghs Zupder
breette ban 28. graden/ 50. minuten; het Lant begon hem ban hier een streeck te
ontballen/ te weten/ Noozt ten westen/ ende Zupt ten Oosten; naer den middag
liep de wint Zupden/ des Noozden aengingen; ontrent den abondt wierden sp
een drooghte gewaer/ recht boor upt/ ofte West aen haer gelegen/ geen musquet-
schoot daer af zijnde/ hebbende niet boben 25. badem schoone strant-gront/ dies
sp het wenden/ een half mijl Oost Zupdt-Oost daer asloopende/ dat sp bijf mij-
len ban 't baste Lant op 27. badem schoone gront ten anclier quamen: het wiert
des nachts met stilte heel schoon weder/ den windt Zupd ten Oosten zijnde.

Den 5. dito/ met eenen Z. Zupt-oosten wint lieflijck weder zijnde/ lichten sp
in den mozgen-stont haer Ancker/ en een uur Z. Zupt-West aen gezeplt hebben-
de/ soo wierden sp boor upt langens haer cours henen brandende drooghten ende
Eplandekens gewaer/ de windt hant ober hant rupmende/ liep Oostelijck/ soo
dat Zupdelijcker/ ende Z. Z-Oost zeplen konden: dit recif ofte drooghte streckte
hem Z. Zupt-West/ ende Noozt N-Oost; bevonden daer langens henen 27. 28
a 29. badem Zant-gront. Des boor-middaeghs ten elf uren waren het baste lant
upt het gesichte/ hebbende alsdoen Zupder breete ban 28. graden/ 59. minuten/
zijnde een hoeck ban 't recif West Zupdt-West ban haer met een buple schooren
gront/ op de diepte ban 50. a. 60. badem Waters: naer den middagh begon het
stil te wozden/ soo dat de stroom haer heel om den West lepden/ en de rudsen ont-
bielen haer heel Westelijcken; gisten alsdoen ontrent acht mijlen ban 't baste lant
te wesen; dese stilte durede den gantsche nacht / en dreben soo dicht langens de
rudsen henen/ datse die den gantschen nacht konden hoozen rupschen.

Den 6. dito/ des mozghens waren de rudsen upt 't gesicht; ontrent elf uren
quam de lucht upt den W. Noozt-westen/ liepen te naesten bp weder naer de rud-
sen toe/ zijnde des middaeghs op de hoogte ban 28. graden/ 44. minuten/ alsdoen
begon het seer hart upt den Noozt-Westen te waepen / soo dat dien achter-mid-
dagh af ende aen labeerden/ bebindende dat den stroom haer seer om den Noozt-
West lepde; des abonts wenden sp 't weder ban de rudsen t'zeewaerts/ hebben-
de op 40. badem buplen klipachtige gront/ dese drooghte strekte hem bupten Z.
Oost ende Noozt-West des abonts begon het soo stijf te waepen / dat den gant-
schen nacht met hupskende schober zeplen/ ende bariable winden loopen mosten.

Den

Septem.

komen
niet son-
der pe-
rijckel op
het baste
Zu-dt-
landt.

Verne-
men bar-
ninge.

Den 7. dito/des mozgens nam het weder af/soo dat de zeplen weder by gheset wierden/ hebbende des middaeghs de hooghte van 29. graden / 30. minuten; liepen alsdoen Noozdtwaerts over / om het vaste landt in 't ghesicht te bekomen; dan den windt West Noozdt-West scherpende/ soo waren ghenoodtsaeckt het t'Zeewaerts over te legghen.

Den 8. dito/des middaeghs op de Zupder bzeette van 29. graden/ 7. minuten zijnde / stelden haer cours Noozd-Oost aen/ soo dat des avonts de berninge weder in 't ghesicht kreghen/ liepen derhalven den gantschen nacht West Zupdt-West t' Zeewaerts/ den windt Noozdt-West zijnde/ doen begon 't soo hardt te waepen/dat de mars-zeplen in mosten.

Den 9. dito/des mozgens hebben 't weder naer 't lant gewent/zijnde des middaeghs op de hooghte van 29. grad. den resteerende dagh met af ende aenwenden verslijtende; des avonts waepden 't upt den Noozt-West een harden stozm/ hebbende genoegh te doen/dat het met schober-zeplen konde gaende houden.

Den 10. dito/ een Westelijcke wint/ en top-zepls koelte/ weder zepl gemaeckt hebbende/soo hadden sy des middeghs Zupder bzeete van 29 grad. 30. min.

Den 11. dito / des mozghens was het stil / doch hadden een hollen Zee / den windt upt den West Zupdt-Westen / soo dat gheen Noozdt konden winnen/ ofte waren op ofte by de rudsen; hebbende des middaeghs Polus hooghte van 28. graden/ 48. minuten / met variable winden; lieten 't den gantschen nacht met de fock op de mast dzijven.

Den 12. dito/des mozghens maeckten weder zepl/oost aengaende/tot dat haer des middaeghs op de hooghte van 28. grad. 13. min. bevonden/ dies weder wat Zupdelijcker liepen/om recht op 28. grad. 20. min. te landt te komen / zijnde de windt Zupdt-West / hadden groote depningen; des naermiddaeghs twee uren boor Sonnen ondergang / kreghen de rudsen weder in 't gesicht/ daer noch twee mijlen van daen gisten te wesen / als doen het loot werpende/ bevonden op hondert badem schoone Sandt-gront/ doch een half mijl genadert wesende / en weder gediept hebbende/vernamen op 30. badem een buple steenachtige gront/ dies het des nachts in 't tweede quartier t' zeewaerts wenden/tot in den dagh wacht/ datse het weder landewaerts overlepden/om te met de wal te genaken.

Den 13. dito / dzy uren na Sonnen opgang wierden sy de barninghen weder gewaer/en bekent zijnde/ bevonden een mijl om den Noozdt verlozen te hebben/ also de wint zupd zupd-oost geweest was; op den Noozdelijckisten punct van de

Abroilhos bervallen zijnde / resolveerden (om dat altijts te hoogh ofte laegh quamen / en te periculeus was / die van bupten aen te doen) door de holle depningen ende buple gronden dzagende te houden / beneden de upterste dzoogte/ ende loefden doen weder ten naesten by / den wint Zupd Zupd Oost / cours Oost zijnde; een weynigh binnen komende/hadden dadelijcken schoone gront op 30. a 35. badem waters/ 's middaegs hooghte van 28. grad. Zupder bzeette; kozts daer na sagen sy het vaste Zupder-lant weder: alsoo 't hart begon te koelen / anckerden sy 't ontrent twee mijlen van de wal/ op 30. badem schoone Zant-grondt.

Den 14. dito/ waepden 't stijf upt den Zupd Zupd-Oosten/ soo datse haer ancker niet konden winden / ende den gantschen dagh mosten blijven leggen.

Den 15. dito/ den wint tot des middags even hart aenhoudende/ begon 't als doe wat te stillen / soo datse het ancker aen boozt kregen ende opwonden; onder zepl gheraeckt zijnde/hadden des middaeghs de hoogte van 27. graden. 14. min. Zupder bzeete/den wint Zupd Zupd-Oost zijnde/laveerden den gantschen dagh

om

om den Zupd te winnen/ des avondts bevonden haer twee mijlen ghebozdert te hebben; doncker zijnde/ anckerden weder op 30. vadem schoone zant-gront.

Den 16. dito/ des mozghens dagh ghewozden/ lichten sp weder 't ancker / ende gingen met eenen West Zupd-Westen wind / ten naesten bp Zupden over; naer den middagh liep den windt West/ daer naer Noozden/ soo datse West zeplen konden: teghens den avont sagen sp de kudsen van haer verongeluckt Schip Batavia, ende wierdt den Commandeur aen 't hooghe Eplandt verkent/ hoe-wel de Stier-lupden sepden sulcks ander landt te wesen: twee uren op den avondt anckerden sp op 27. vadem schoone zant-grondt.

Den 17. dito / des mozgens met den dagh het ancker weder gelicht en de wint noozden zijnde/ bevonden haer noch ontrent twee mijlen van 't hooghe Eplant/ liepen daer zupd west na toe. Voor den middagh ontrent het Eplant komende/ soo sagen sp 't dicht bp 't wrack op een lang Eplandeken roken/ daer sp al-te-samen seer over verblijt waren/ verhopende alle/ ofte haer meeste volck in 't leven te binden. Het ancker in de grondt ghesmeten zijnde/ voer den Commandeur met de Boot (mede-nemende een Barcken/ Water/ Brood ende Wijn) naer het hooghste Eplant/ dat daer naest gelegen was; doch daer komende/ vernam geen volck/ daer sp alle seer in verwondert waren; te lande gespzongen zijnde/ sagen sp een klepn Schuptjen met vier mannen om den Noozdelijcken hoeck aen komen roepen; waer van den eenen/ genaemt Weybbe Hayes, aen lant spzong/ komende de Commandeur teghen gheloopen/ riep ende wenschte hem wellekom/ maer badt hem doch datelijck weder t' Scheep te varen; alsoo daer een partp Schelmen op de Eplanden/ ontrent het wrack waren/ die met twee Sloepen het komende Jacht meenden af te loopen. Verhaelde boozts hoe hp Capitepn van 47. zielen gewozden was/ die haer om haer leven te salveeren/ dus langhe op een Eplandeken onthouden hadden; alsoo eenighen onder haer daer ghelaten volck Schelmen gewozden waren/ hebbende wel 125. persoonen/ soo Mannen/ Vrouwen/ als Kinderen vermoozt. Dat hp ontrent veertien dagen geleden/ Jeronymus Cornelisz Onder-koopman/ ende Hooft van dese Schelmen/ gevangen vier van sijn principaelste Raden ende Compliten (als David van Zeevanck, Assistent/ Coenraet van Huyssen, Gijsbert van Welderen, Adelbozst/ ende Cornelis Pietersz van Uytrecht, Soldaet) doodt geslagen had / die haer tot twee verscheyden repsen seer vpandelijck hadden komen bevechten/ doch waren t'elckens kloeckelijcke afgeweert; soo dat daer naer sinistre middelen gebzupkten om haer te vermeesteren ende vermoozden/ waer toe haer den vrede aenboden/ daer toe gebzupckende hare Predikant Gijsbert Sebastiaensz die sp dwongen over ende weder te gaen. Nu dan gekomen zijnde/ om de gemaeckte vrede met eede te bevestigen/ ende alle het gepasseerde te vergeten ende vergeven/ soo waren David van Zeevanck ende Coenraet van Huyssen doende/ met eenige soldaten tot verraet om te koopen/ haer elck 6000. guldens aen gelt prefenteerende/ so sp des anderen daeghs/ als sp (nu vrede gemaeckt hebbende) weder souden komen / aen haer zijde wilden vallen/ ende de anderen helpen vermoozden. 't Volck sulcx verstaende/ ende dat het nu om haer leven te doen was/ soo hebben sp dese gesellen (als hier boven verhaelt is/ doodt geslagen/ ende haren Capitepn gevangen genomen. Verhaelde wijders/ dat eenen/ genaemt Wouter Loos, naer de ghevangenisse van haren ghewesenen Capitepn Jeronimus, van dese schelmen tot haren Oversten op gewozpen zijnde/ haer noch dien mozghen met twee Sloepen volcks hadd' komen bespzinghen/ die sp mannelijck teghen-ghestaen ende afgheslaghen hadden/ zijnde vier Mannen

van

van Weybbe Hays volck seer swaerlijck ghequetst. Den Commandeur alle dese
droevige tijdingen/ met groot herten-leedt verstaen hebbende/ is datelijck weder
naer boort gevaren; belastende Weybbe Hays, met sijn Schuptjeu voorts weder
tot de sijnen te roepen/ en Jeronymus Cornelisz aen 't Schip gevangen te leveren/
gelijck hp oock gedaen heeft. Doch eer den Commandeur t'Scheep konde gera-
ken/ sagh hp een sloep volcks om de Zupdelijcke hoeck van 't hooge lant komen
roepen/ des hp hem tot tegenweer gereet maeckte/ om die Schelmen soo 't mo-
gelijck was in sijn ghewelt ende hechtenisse te bekomen/ doende niet te min de-
voir om aen boordt te geraken; daer ghekomen zijnde/ roepden dese Schelmen
even stout op 't schip aen/dicht bp komende / sagen spse alle sitten in 't root laken
gekleet/wel dicht met goude passementen geboort; den Commandeur vraegde
haer tot wat epnde sp ghewapent aen boordt quamen? daer op sp antwoorden/
t'scheep zijnde/ sulcks wel te sullen seggen; hp sulck een fors antwoort ontfan-
gen hebbende/ belaste haer 't geweer in Zee te smijten/ en dan over te komen/of-
te dat hp raedt wiste haer tot sulcks met ghewelt te dwingen; 't welck sp / geen
nader uptkomste siende/deden/en t'Scheep komende/in de Psers gheraeckten:
boorts wierdt tot het examen gheprocedeert; dat met eenen Jan Hendricksz van
Bremen Soldaet/sijn beginsel nam/ die dadelijck klapte ende beleet seventhien
a twintigh Menschen vermoort ende helpen vermoort te hebben/ doch alles upt
expresse last van Jeronymus Cornelisz haren Capitepn/ die haer tot sulcr dwongh:
wijders naer den oorspronck en de circumstantie van dien ghevraeght zijnde/
oock wat haer bewoghen hadt sulcke onmenschelijcke wreethepdt in 't werck te
stellen? sepde alles brpwilligh te willen openbaren/ oock hoe 't hem in den be-
gin toegedragen had; als namentlijck/dat den Schipper Adriaen Jacobsz, Jero-
nymus Cornelisz, ende den Hoogh-bootsman met den anderen berdraghen wa-
ren/ eer het Schip Batavia verongheluckte/ 't selvighe af te loopen; Den Com-
mandeur ende alle het volck/ op hondert-en-twintigh naer (die haer aengestaen
hadden) te vermoorden/ ende over boordt in Zee te smijten; ende dan met het
Schip op den roof ende brp-bupt te loopen; weshalben Jeronymus Cornelisz, en-
de de sijnen op 't Eplant zijnde/niet anders vermoeden ofte den Schipper soude
den Commandeur onderwegen pewers vermoort/ ofte in Zee bupten boort ge-
smeten hebben; des hp naer een Maent van 't Schip op 't Eplant geweest zijn-
de/ bedacht niet beter te wesen/als al het volck op veertigh persoonen naer om te
brengen; en datse dan het komende Jacht af loopen souden:dit dan in 't werck
gestelt zijnde/ soo konde hp sulcr echter niet uptvoeren/ 't en ware Weybbe Hayes,
met de sijne (voor twintigh dagen naer 't lange Eplandt ghesonden/ om Water
te soecken) van kai..t waren. Dit dupvels ingeven dan bp der handt nemende/
ende reets eenige tochten op haer gedaen hebbende/ konden niet gewinnen.

Tegens den avondt wiert Jeronymus Cornelisz, door Weybbe Hayes, den Com-
mandeur aen Scheeps-boort ghevangen gelevert; die hem met herten-leet aen-
sagh/ niet konnende bedencken wat hem bewoghen hadt/ sich selven soo verre te
verloopen/dat oorsaecke ghewoorde was/ van sulck onmenschelijck moorden; In
tegenwoordighepdt van den Raedt ghe-exsamineert zijnde/ braeghden hem den
Commandeur/ waeromme hp hem van den Dupvel soo wijt van alle mensche-
lijckhept hadt laten verlepden/ te doen 't gene noch opt bp eenige Christenen soo
wreedelijck in 't werck gestelt was/sonder eenige merckelijcke honger ofte dorst-
noot/ maer alleene upt koele bloet-dorst/om tot sijn boos boornemen te geraken?
Daer hp op antwoorde; datmen hem de schuld niet moesten geben van 't gene
daer

Verne-
men een
Sloep
met
volck.

Die sp
in hechte-
nisse be-
komen.
Confessie
van Jan
Hen-
drickß
van Bre-
men.

Jerony-
mus
Cornelisß
voort den
Com-
mandeur
ghevan-
gen gele-
vert/

ende ver-
hoort.

daer gheschiet was / sulcks ten laste legghende David van Zeevanck, Coenraedt van
Huyssen ende anderen die in de laetste rescontre van Weybbe Hayes volck doodt
gheslagen waren ; seggende datse hem daer toe ghedwongen hadden / ofte datse
hem anders souden aen kant geholpen hebben/ soo dat een mensch veel moet doen
om het leven te behouden. Ontkende dat hy gesint soude gheweest hebbe 't Schip
Batavia helpen af te loopen ; dan aengaende 't Jacht te overweldigen / alsser een
tot haerder verlossinge soude komen / seyde sulcks van Zeevanck voorgeslagen
te zijn / en dat hy 't selvige toegestaen hadt / doch sonder meeninge ; alsoo sy ver-
moede / datse van dese ongeluckige Eylanden noyt souden verlost werden ; naer
dien hy aldaer van eenen Rijck Wouterss wel hadt hooren seggen dat Schipper
Adriaen het Schip meynde afgeloopen (soo 't niet verongeluckt waer) ende den
Commandeur over boordt ghesmeten te hebben ; waer uyt hy vermoeden datse
met de Boot noyt op Batavia souden gheraeckt hebben / maer dat de Schipper
naer Malacca soude gheloopen zijn ; ofte soo 't al ghebeurde dat den Comman-
deur op Batavia gheraeckte / ende een Jacht tot verlossinge gesonden wierdt / dat
hy dan ghesocht soude hebben 't selvige te waerschouwen ; soeckende hem alsoo
met sijn wel-klappende tonge / door veel tastelijcke leughenen te ontschuldighen /
ghelijck ofte hy in alles super / ende nerghens van geweten hadt ; sae hem dick-
maels op de Maets beroepende (gelijck of sy sijn innerlijcke meyninge wisten)
seggende dat sy sulcks oock wel souden verklaren : dit daer van voor dien dagh
by gelaten zijnde/ wierdt hy weder in hechtenisse ghestelt.

Den 18. September voor den dagh voer den Commandeur en de Schipper
met de Schept ende boot naer het lange Eylant daer Weybbe Haeyes met sijn by-
hebbende volck op was/ tien Soldaten daer van doen halende ; desen bekomen-
de ende elck met een goet Musquet versien hebbende/ is daer mede gevaren naer
het Eylant Bataviaes Kerck-hof genaemt / ontrent het gebleven Schip gelegen
zijnde ; om de resteerende Schelmen (die daer noch waren) te banghen / ende in
verseeckeringe te nemen. Desen den Commandeur en de sijnen / met twee wel-
gemande baer-tuygen aensiende komen / soo besweken datelijcken haer herten/
sonder eenige tegen-weer de moedt latende sincken ; seggende teghens elckande-
ren nu zijn wy al-te-samen om den hals / meynende dat voorts in heeter bloede
doot-geslagen soude werden / dat haer misluckte ; maer te Lande getreden zijn-
de/ zijnse alle te gader handen en voeten gebonden/ in hechtenisse genomen en ver-
sekert: des Commandeurs eerste werck was alsdoen de Juweelen die hier ende
daer verstropt lagen op te soecke/ die al-te-malen gevonde wierden/ uytgesept een
goude Ketting ende Ring; hoe-wel den Ring noch te laetsten te voorschijn quam.

Tegens den avondt naer 't Wrack varende / bevonden 't Schip in verscheyde
stucken te leggen ; als een stuck van het Kiel / met sijn vlackte van 't rupin/ al-te-
saem tot achteren op een weynigh naer den wint-veering (die noch boven stack)
tot het Water toe af-gespoelt / leggende by-naest noch op de selvige plaets/ daer
't eerst geseten hadt ; een stuck van 't voor-schip aen de beetinge afgebroke / lagh
heel op 't droogh ghesockt / daer in twee stucken gheschuts uyt de rampaerden
(een Metale ende een ysere) lagen/ sonder pets meer ; daer ontrent lagh mede een
zijde van 't achter-schip / aen stierboorts kruyspoort af gebroken ; boorts noch
veel meer andere stucken van minder groote/ hier ende daer op verschepde plaet-
sen by sonder gedreven zijnde/ soo dat het sich slecht liet aensien / en kleyne hoope
was/ van veel gelt en andere goederen te sullen bergen : doch den Commandeur
kreeg een weynig troost van den Bottelier Reynier Heyndricksz hem aendienen-

De res-
teerende
Schel-
men ge-
raken in
hechte-
nisse.
Waer-
om 't
wrack
van 't
gebleven
Schip te
besichti-
gen.

't Ver-
hael van
den Bot-
telier.

de/ hoe hp ontrent een maent geleden/ op eenen dagh stil ende schoon weder zijn-
de ('t welck daer sint haer verblijf selden ofte noyt als doen ghebeurt was) aen
het Wrack van 't gebleven Schip upt bisschen voer/ alsoo de bissen haer alsdoen
daer ontrent seer verhielden; daer hp alsdoen met eenen pieck op een ghelt-kist
gestooten had/ verhoopende die tusschen die tijt noch niet wech-gespoelt te sullen
zijn: ten welcke ghespreeck den Commandeur hem wijder braeghde/ hoe 't hem
met 't Schip en de Wrack naer sijn bertreck al toe-ghedragen had/ ende hoe lan-
ge het noch heel ghebleven was: antwoorde het acht dagen noch meest heel ghe-
bleven te zijn/ dan de Spieghel ende het ander boven-werck spoelden in 't eersten
al wech/ alsoo 't dagelijcks meest hart stormde/ ende breesselijcke barrende/ so dat
eyndelijcken sijn back-boort zijde up gesmeeten wiert / sulcx dat het te verwon-
deren was/ hoe dat een soo sterck Schip/ alsdoen soo haest en lichtelijcke sloopte/
en van den anderen verbrack; waer mede doen tot verschepde tijden te Lande
breven/ ende geberght wierden diversche leggers met Water/ een legger Fran-
sche ende bier en een halve spaensche Wijnen/ als mede een met Azijn/ die haer
alle seer wel te stade quamen. Doch alvooren hadde God de Heere haer tusschen
de negende ende thiende Junij des nachts eenen gestadigen regen verleent/ (zijn-
de de selvige regen/ die de Commandeur ontrent het vaste lant hadde/ doe hp met
de Boot in grooten noot van sinken was) waer mede sp veel waters vergaerden;
sulcx datse so met dat/ als 't gebiste een goeden rupmen tijt met alle de menschen
konden leve/ pder des daegs genietede drie mutsies water en twee mutsies wijn.

Des avonts zijn de principaelste Schelmen/ als oock haer andere mede-hul-
pers/ op hupden op 't Eplandt ghevangen ende geboept aen 't Robben Eplandt
gevoert; om daer te blijven tot mense te examineeren weder halen souden; en
dit om te beter van haer verseekert te zijn.

Den 19. dito/ des morgens is den Schipper gesonden/ om dese naerbolgen-
de Schelmen/ (die t'Scheep ghebanghen saten) te Lande brenghen/ op dat
men haer examineeren/ en 't gelept godloos leven ondersoecken souden; als Jero-
nymus Cornelisz Onder-Koopman; Jacob Pietersz van Amsterdam Lantspas-
saet/ haer Luptenant/ die oock een van de Raden gheweest is; Jan Heyndricksz
van Bremen/ Soldaet/ een van de principaelste moorders; Rutgert Fredericksz
van Groeningen sloote-maecker; Hans Jacobsz Heylwerk van Bassel/ Adelborst;
Lucas Jelisz, upt den Haegh/ Adelborst; Hans Fredricksz van Bremen/ Soldaet;
Jan Willemsz Selijns Opper-kupper / van Amsterdam; Heyndrick Jaspersz van
Montfoort/ Soldaet; Hans Hardens upt Ditmarssen/ Soldaet; Jaques Pilmon van
Pres du Verdun, Soldaet; ende Gerrit Haes van Santen / Bootsghesel: upt alle
welcken sp ten dien daghe/ soo door onder-braginghe/ als goetwillighe bekente-
nisse verstonden/ het overgoddeloos leven dat dese overgeven boeve op 't Eplant
ghevoert hadden; haer niet ontsiende des Compagnies goederen/ soo Laecke-
nen/ Stoffen/ goude Passemente ende andere waeren (diese gevischt ende gebergt
hadden) seer schandelijcken te misbrupcken/ haer daer mede bekleedende/ en de sel-
bige met soo veel goude passementen boorende/ dat geen stoffen te kennen waren;
als bp Jeronymus Cornelisz kleederen/ die daer een goet boorganger in was (hier
gebonden) gebleken is; hem oock niet ontsiende particulieren hare gheberghde
goederen ende kleederen hem epgen te maecken/ ende die onder de sijnen tot ghe-
brupck uptdeelen/ offe hem bp testamentalen dispositie naer-gelaten waren; jae
sijn Oupbelsche hoobaerdige hoogmoet was op dese arme bedroefde Eplanden
soo hoogh gesteghen dat hp hem niet ontsagh dagelijcks veranderinge van klee-
deren/

deren/ Zijde Kouſſen ende Kouſſebanden met goude kanten te dragen; oock ſijn
trawanten/ die hem volgden/ en daer hy in 't moorden hem meeſt op vertroude/
in 't roode laken te kleeden/die met twee ende meer goude paſſementen boordē-
de;oock dagelijck nieuwe fatſoenen van Caſacquen practiſeerende;hem latende
voorſtaen dat deſe booſe ydele breught eewig duren ſoude.

Het meeſte moorden gedaen zijnde/ heeft hy deſe naevolgende oberghgheblevene
Vrouws-perſoonen/op deſer wijſe onder de ſijnen als ten buyte uptgedeel : nae-
mentlijcke Lucretia Janſz Huysvrouwe van Boudewijn van der Mijlen , voor hem
ſelven houdende / en Judich Gijſberts outſte Dochter van den Predicant/ Coen-
raet van Huyſſen toe-voegende; de reſteerende/als Trijntjen ende Suſjen Fredericks,
geſuſters; Anneken Boſſchietſters / ende Marritjen Lowijſen, ſouden onder de
andere mans-perſoonen gemeen gebruyckt werden / ende haer ten dienſte moe-
ten ſtaen ; en om alle onheylen voor te komen daer toe eenighe ordinantien ma-
kende/ doende de ſelbighen met eede onderteeckenen/ als hier voor/ Pag: 12. te
ſien is; welcke de Vrouws-perſoonen (ſoſe in 't leven blijven wilden) mede heb-
ben moeten beſweeren ende belooven naer te komen.

Ieronp-
mus Cor-
neliß
deelt de
oberighe
vrouws-
perſoo-
nen ten
buyte
upt.

Den 20. September/ voor den middagh wierdt de Boot t' Scheep gheſonden
om eenighe nootſakelijckheden te lande te brenghen : als mede de Schupt naer
't Eylant (daer Weybbe Hayes volck op was) om water te halen : alſoo ſy daer/
naer 20. dagen op 't Eylandt gheweeſt waren/ ſeer miraculeuſelijck twee putten
met verſch water gevonden hadden/ die niet-te-min met bloet ende ebbe op ende
neder vloepden/ſoo dat het in 't eerſte voor zout water gehouden wiert.

Den 21. dito / was het met koelte een Ooſt Zuyd-Ooſten windt; waer mede
ſy bemerckten dat het water daer ſeer laegh bleef; en konden de Schupt / we-
gens den harden windt / dien dagh van 't Eylandt niet weder te rugge komen;
des dien dag met de gebangenen te examineren voorgebracht wiert.

Den 22. dito/ deſe harde wint noch continueerende ſo vernamenſe de Schupt
alſnoch niet; voor den middagh is den Commandeur nevens den Schipper met
noch drp Mannen met een Schuptjen naer 't Wrack gevaren/om de rechte ghe-
legentheydt daer van te beſichtigen/ dan daer ontrent komende/ſoo bernende het
daer ſo grouwelijcke/dat de ſwemmers haer niet dorſté onderwinden 't ſelbighe
te beſweimmé; des onverrichter ſake tegens den avont weder t' Scheep voeren.

Den 23. dito/ was de wint noch als vooren; deſen morgen wierden de ghe-
bangenen (die op 't Robben Eylant in bewaringe verſonden waren) om te exa-
mineeren van daer gehaelt/ daer den gantſchē dag mede beſigh gheweeſt zijn ; on-
derwijlen wiert den Stierman weder naer 't wrack gheſondé/ om te ſien of men
tot berginge van eenige goederen konde geraken ; doch wederkeerende/rappor-
teerde ſulcks als noch wegens de vreeſſelijcke barninge onmoghelijck te weſen.

Den 24. September / is ſonderlings niet voorgevallen/als dat de Schipper
met de Boot t' Scheep gevaren is / om eenige noodtſaeckelijckheden te lande te
brengen ; alſo het noch niet mogelijck was aen 't wrack te wercken.

Den 25. dito/ des morghens ſtil weder zijnde/ wiert den Schipper ende ſtier-
man weder naer 't wrack geſonden/om te ſien of 't mogelijcké was aen 't werck
te geraecken; ſy daer by komende/ſo wiert van 't lant gemerckt datſe beſigh wa-
ren met pets op te halen ; des ſond haer den Commandeur de andere Boot/wel
ghemant mede te hulpe / ſelfs met het kleynſte Schuptje/nevens een Man en-
de twee Jonghens volghende / om hem daer by te voeghen daer ontrent ko-
mende / bevondt haer beſigh met een bos klater-goudt/ ende een kiſt gheldt die-
ſe

1629.

Septem.
ten ende
andere
waren.

se gevischt hadden ; die sp een stuck weeghs van 't wrack op 't droogh brachtem:
den Commandeur tradt in de andere Boot over / die met visschen mede besigh
was / oock een kist met geldt boven krijgende ; de Gusarattische duyckers ver-
klaerden dat spder noch ses gelt-kisten bevonden die wel te krijgen waren; on-
der-tusschen wiert de tweede gevischte gelt-kist geschoort ende mede op 't droogh
ghebracht ; soo dat nu alreede vier kisten bekomen ende gheberght hadden : de
duyckers haer onderwijlen weder vaerdigh makende / tegens dat de Schipper
komen soude / soo begost het soo hart te waeyen / ende op het wrack aen te vran-
den / datse gedwongen waren 't selvige te verlaten; derhalben haelden sp hare ge-
berghde kisten van de droogte / die op 't Eplandt Bataviaes Kerck-hof brengende;
de reste van den dagh met de gebangenen te examineeren voorts doorbrengende.

Den 26. dito/ hadden sp een harden windt upt den Zupd-westen/ soo dat doen
aen 't wrack niet wercken konden/ weshalben de Boot aen een over-Eplandt ge-
sonden wierdt / om een Spil ende een partp leege Olp-amen/ die daer laghen/ te
halen : Voor den middagh isser mede een Schupt/ om water te halen / gheva-
ren: Noch heeft dan Commandeur / Cornelis Jansz van Amsterdam Assistent /
ende Aris Cornelisz van Hoorn Barbier / doen halen / om haer te onderdraghen
van 't gene daer gepasseert was / in 't ontvluchten als sp souden doodt-geslaghen
worden. Naer den middagh begon het stil weder / ende slecht Waeter te zijn / soo
dat den Schipper met een gemande Boot / datelijck naer 't wrack gevaren is /
om die op gisteren vernomen geldt-kisten op te halen ende te berghen; die des
achtermiddaeghs wederkomende / drp der selvige mede-brocht; ghedwongen
zijnde noch een voor eerst daer te laten blijven / onmogelijck die te bekomen / voor
dat een stuck Gheschuts ende Ancker kruys-weeghs daer overlegghende / met
grooten arbeyd ende moeyte daer eerst afgewerckt waren.

Den 27. dito / koelden het seer hart upt den Zupden / soo dat dien dagh aen 't
wrack niet wercken konden; voor den middagh is den Schupt van 't hooghe
Eplandt weder te rugge ghekomen / mede brenghende de twee boven-ghemelde
persoonen Cornelis Iansz ende Aris Pietersz om teghens de andere Moordenaers
ende Schelmen verhoort te werden / soo dat dien dagh met het examineren
voort-gevaren zijn; de selvige daer oock mede verslijtende.

Vervolg
van 't ex-
amen der
ghevan-
ghenen.

Den 28. dito/ den voorigen harden Zupden windt door-waeyende / was 't als
noch niet mogelicken bp 't wrack tot het werch te gerahen/ te komen; soo dat niet
het examen voortvarende / als doen meest ten epnde geraeckten: der principaelste
booswichten ende moorders voornemen ende opset genoeghsaem so upt haer ep-
gen bekentenissen / veelvoudige getupgenissen / als onderbindinge (Godt betert)

Waer den
Raedt
over be-
roepen
wordt.

niet als al te klaer aen den dagh komende / gelijck upt de naervolgende schrifte-
lijcke belijdenissen genoeghsaem blijcken sal. Des heeft den Commandeur goet
gevonden den Raedt te beroepen / ende in de selbige met rijpen raden en goede de-
liberatie te proponeren ende voor te stellen; of men dese moordenaers ende schel-
men (waer tegens het onnoosel vergooten bloedt wraeck is roepende) geslooten

Voorstel.

ende geboept op Batavia bp den E. Heer Generael brenghen / of datmense alhier
ten exempel van anderen naer verdienste met den doodt straffen souden ; ver-
mits het niet sonder perijckel soude zijn / ende alle ongeplen dienden voorgeko-
men te werden / die door soodanige Schelmen / als Jeronymus Cornelisz ende sijn
mede-complicen t'Schrep souden konnen ontstaen ; te meer/ vermits reets een
nigen/ ofte wel alle de resteerende maets niet weynigh van haer vergiftigh voor-
nemen ingesogen / ende met het voorigh boos gelept leven swanger gaende/ seer
licht

licht t' Zee zijnde / soude konnen uptspatten ende bedozven werden; aenghelockt dooz de groote geberghde rijckdommen ban het ghebleben Schip / haer Heeren ende Meesteren toekomende / ban Schip ende goedt te berliesen / met soo beel halbe ende heele bedozbene menschen Zee te kiesen. Daer dese Resolutie op ge= bolght is:

Op huyden den 17 Setember / 1629. naer den middagh / is bp den Commandeur François Pelsaert, ende den Scheeps-raedt gheresolveert / Jeronymus Cornelisz Apoteecker ban Haerlem/gewesene Onder-Koopman op 't berongeluckte schip Batavia, nu ter tijdt aen boozt gebangen zijnde/wegens sijne grouwelijcke baden gedaen/ter examen/ende des noodigh/ter tozture te bzengen.

Jeronymus Cornelisz binnen ghebzacht zijnde / is hem ban den Commandeur gebzaeght waerom hp hem dooz den Wupbel ban alle menschelijckhepdt soo hadd' laten ontblooten ende berboeren / ja slimmer ende booser als in een Cp= gher-dier berandert was; mits soo beel onnoosel menschen-bloedt hadd' laten stozten / ende noch ban meeninge geweest was met ons mede te doen? Daer hp op antwoozde / alles datter ghedaen is / en is mijn schult niet; maer David Zee= vanck, Gijsbert van Welderen, ende Coenraedt van Huyssen, zijn 't dit het uptghe= boert hebben/mp daer toe dwinghende / ofte soude hebbe moeten sterben: boo2= der audientie bersoeckende om sijn onschult te moghen berklaren; die hem be= last is ban 't beginsel naer de waerhepdt te berhalen.

Sepde / dat 10 dagen naer 't blijben ban 't Schip noch op 't Wzack gheweest was / ende wiert 't selbige op dien tijdt meest aen stucken ghesmeten; soo dat hp twee dagen inde Boeghspziets marsse sat / en is epndelijck met de wangh ban de selbighe Boeghspziet aen landt ghekomen / nebens dzp legghers met Water/ Wijn ende Azijn gebult zijnde: op 't Eplandt ontrent een maendt geweest zijn= de/soo hadden David van Zeevanck, ende Coenraedt van Huyssen, Adelbozst/nebens noch twaelf anderen / haer in haer tente gewapent; en op eenen abont / tusschen tien ende elf uren tot hem komende/ sepden/ het bolck is te machtigh / ende het eten te klepn/ wp zijn gesint alle het bolck in haer tente te oberballen/ om het ge= tal tot op 40. hoofden te bzenghen: daer op hp Jeronymus Cornelisz soude ghebe= den hebben/ dat sp sulcx niet doen souden: maer dat het beter was 't bolck op 't hooge Eplandt (daer de twee-en-twintigh mannen / om bers water uptgeson= den / te soecken) te bersenden/ daer qualijck nu toe berstaen wilden/ dan dat dooz sijn boozbeden noch beweeght wierden een partp derwaerts te stieren. Sebentien dagen naer dit gepasseerde / was David van Zeevanck met een Sloep bolcx naer een Eplandt gebaren/ daer een partp deser bersondene lieden haer alleen onthiel= den/ heeft de selbige met sijn bp-hebbende maets oberballen/ ende alle/ behalben 7 jongers/en eenige bzouw-lupden/ bermoozt; wederkeerende/ berhaelde sijn ge= baen werck aen Jeronymus; daer bp boegende/ dat wel wenste dat de resteerende op 't hooge Eplant mede aen kant waren/op datse geen schade ende ongebal ban haer te berwachten souden hebben. Seben ofte acht dagen hier na zijn sp weder bp Jeronymus gekomen / seggende datse ober wilden baren / om tegens het restee= rende bolck op 't hooge Eplant te bechten; te meer/ alsoo Pieter Lambertsz Boots= gesel met een gemaeckt Schuptjen sijn leben gesalbeert en doozgegaen was/ om 't selbige weder te halen/ ende soo 't mogelijcken was/ haer alle doot te slaen; tot

welcken

welcken aenſlagh ſy 22. mannen upthooren: welck voo2nemen Jeronimus ſeyde hem niet te behagen; maer ſoude haer gebeden hebben een Boot ofte Sloepe op te ſtellen/ om het vaſte lant/ eñ daer na Indien aen te doen; 't welcke haer onmogelijck dochr te weſen/ maer zijn/ volgens de genomen reſolutie/ met de 22 mannen derwaert getrocken: weder komende/ ſoude ſy Jeronymus Cornelisz andermael gebeden hebben een baertupgh te beginnen; doch alles ter contrarie/ 't en heeft niet mogen helpen/ zijn weder met 37. Mannen/ende Jeronymus mede/ met d2y Schuyten derwaerts getrocken (om/ ſoo hy ſeyde/ met ſijn teghenwoo2digheydt 't vechten/ ſoo veel doenelijck ſoude zijn/ te beletten) recht op haer aenkomende/ doch de anderen bewaerden haer ſtrant/ ſy-lieden tot de knyen toe in 't water ſtaende; onderwijlen ſocht Jeronymus met die van 't landt te ſp2eken/ om/ ſoo 't moghelijcken was/ tot een accoo2t te komen; ſoo dat doo2 't tuſſchen-ſp2eken van den Domine/ die ten dien eynde over en weder ging/ 't vechten voo2 dien dagh gheſtaeckt wiert; onder beloften dat Jeronymus ende de ſynen/ die van 't hooge Eplandt des anderen daeghs eenige Laeckenen ſouden b2engen/ om haer daer mede te kleeden; waer tegens die van 't hooge Eplandt haer het onrboerde ſchuytjen weder ter handt ſouden ſtellen. Jeronymus volck dit verd2agh niet behagende/ waren ſeer too2nigh/ en wilden vechten; want Coenraedt van Huyſſen verklaerde/ dat hy ſijn volck (tegens allen die 't leedt weſen ſoude) wilde aen boeren/ ende haer doen vechten. Volgens 't boorighe accoo2t is hy/ Jeronymus, met de beloofde laeckenen derwaerts getrocken/ ſes perſoonen by hem hebbende; te weten hy ſelfs/ met David van Zeevanck, Coenraedt van Huyſſen, Gijsbert van Weldert, Wouter Loos, ende Cornelis Pietersz van Dtrecht/ waer van datter in ſeker tumult vier perſoonen doodt-geſlagen zijn Wouter Loos ontloopen/ ende hy/ Jeronymus Cornelisz gevangen blijvende.

Den Commandeur p2oponeert den voo2ſch2even

Jeronymus Cornelisz ter To2ture te b2engen/ om van hem de rechte waerheydt te weten; alſoo hy hem met verbloemde p2aetjens ſoeckt te ontſchuldighen/ ſchuyvende alle ſijn buyl op perſoonen die doodt zijn/ ende haer ſelven niet konnen berantwoo2den.

Jeronymus Cornelisz ghebonden/ opgehaelt/ ende de pijne gevoelende/ bidt om opſcho2tinge/ te b2eden zijnde alles te willen ſeggen wat hy wiſte/ ende men hem afv2agen ſoude; ſulcks is hem vergunt/ om verder verhoo2t te werden: waer op den Commandeur hem begheerde te weten/ waerom/ ende wat maniere hy voo2genomen hadde 't Jacht af te loopen? daer hy op verklaerde/ dat op dien tijdt als de twee-en-twintigh mannen om te vechten naer 't hooge Eplandt ghetrocken waren/ ende hy haer weder haelde: ſoo heeft David van Zeevanck, in de Sloep zijnde/ hem eenen d2oom van Lucas Gillisz Adelbo2ſt vertelt: Als datter een Jacht quam/ dat haer noodigh was af te loopen/ om daer mede naer Spanjen ofte eenige plaetſe daer ontrent te zeylen; dat oock eyndelijck ſoo beſloten is.

Hem wierdt voo2der geb2aeght op wat manieren ſy ſulcks in 't werck ſtellen ſouden: Antwoo2de: een Jacht gekomen zijnde/ ſouden ſy den Boot aen landt laten komen/ ende dan 't Boots-volck d2oncken gemaeckt hebben/ om haer dies te lichter doodt te konnen ſlaen/ en ſouden ſoo onghetwijfelt 't Jacht vermeeſtert seert hebben; daer op begheerende des Compagnies Juweelen te sien / om te waerdeeren wat yder sijn portie daer van soude bedragen; die Jeronymus Cornelisz haer geopent ende laten sien heeft.

Jeronymus Cornelisz ende Jan Heyndricksz Soldaet / op gisteren den 18 September / te samen in de Back van't Jacht Sardam ghesloten sittende; ende Jan Willemsz van Oort/Bootsman/ op den Back boven haer hooft legghende/ heeft gehoort dat Jeronymus Cornelisz aen Jan Heyndricksz Soldaet braeghde waerom hy op den 17. des morghens / als sy teghens hun-lieden slaeghs waren / het Schuptjen niet ghekregen hadden? en waerom de musquetten niet afghegaen waren? ofte dat het krupt nat was? daer Jan Heyndricksz op antwoorde / hadden wy met een musquet teffens gheschooten / wy souden 't voorseecker ghehadt hebben/ maer 't krupdt brande drp en vier repsen op de pan af; Waer op Jeronymus seyde / haddy listigheydt ghebruyckt / ghy soudet op 't water wel ghekreghen hebben / en dan souden wy klaer gheweest zijn. Dit met Jeronymus ende Jan Heyndricksz gheconfronteert hebbende / bekenne 't selvighe alsoo ghepasseert te zijn.

Op heden den 19 September/ op't Eylandt Bataviaes Kerck-hof.

Jeronymus Cornelisz gebonden en ter torture berept wesende / versocht opschortinge; belovende de waerheyt te seggen van 't gene hy wiste: daer op is hem van den Commandeur afgebraegt / waerom hy Schipper Adriaen Jacobsz tot 't afloopen van 't Schip Batavia geraden had? Ontkende 't selvige / jae dat hy daer niet van geweten heeft: maer wilde wel de begintselen van sijn onbehoorlijck leven in 't lange verhalen. Namelijck doen wy uyt de Sierra-lionis t' zeyl gegaen waren / so bemerckte hy dat de Schipper met Lucretia groote familiariteyt gemaeckt hadd'; waer over hy hem bestraffende / gebraeght heeft / wat hy met dat Brou-mensch in dé sin had? daer den Schipper op antwoorde / om dat se blanck is/ en dat hyse tot sijn wil begeerde te versoecken / en met goudt ofte anders daer toe soecken te verwilligen. Een wijl naer desen tijt heeft hy / Jeronymus voorsz; den Schipper weder afgebraegt / waerom hy nu met Lucretia so familiaer niet en was? maer met Swaentje op nieuws begon geck te worden? daer op hy antwoorde / van de Kocks brou verstaen te hebben dat het een Hoer was; ten anderen/ dat Swaentje behagen hadde/ om met haer te discoureren/ en tijdtkortinge te hebben. Aen de Kaep gekomen wesende / en den Commandeur aen lant gegaen zijnde/ is Jeronymus Cornelisz in de Kajupt gekomen/ ende 't hupsjen onderstiens in de Galerije open doende / bevondt den Schipper ende Swaentje malkanderen vleesschelijck te bekennen/ deshalven hy wech-gaende / de deur toesloot: twee dagen daer naer is den Commandeur weder te lande gevaren / om landewaerts in beesten te soecken;daer op is den Schipper mede afgevaren/ hem Jeronymus,ende Swaentje mede te lande nemende/ gingé so tot den avont toe playsteren/als wanneer naer 't Jacht Assendelft voeren /alwaer den schipper hem seer moetwilligh aenstelde; also des naehts naer 't Schip Buren varende/ daer hy 't noch slimmer maeckte/ ter middernacht weder t' scheep komende. Des anderen daegs 's morgens van den Commandeur in de Galerije geroepé zijnde/ berispte hem over de bedrevene trotse moet wil / en voornamentlijck dat hy Jeronymus en Swaentje sonder consent mede te lande genomen had/ seggende/nebens veel andere goede vermaningen/dat/ soo hy van sijne onbehoorlijcke proceduren niet af en liet/dat ge-

houden

1629.

Septem.

houden soude zijn daer in te versien. Den Schipper weder boven komende,
de tegen Jeronymus: By Godt, dat de Schepen daer niet en laghen, ick soude
soo dicht af-smeeren, dat hy in acht ofte veertien dagen uyt sijn koy niet soude
nen komen; maer ick swoer, dat soo haeft wy van hier t' zeyl gaen, dat ick wel
van de Schepen sal wesen, ende dan sal ick mijn eygen meester konnen zijn: daer
Jeronymus seyde / hoe soudet ghp dat konnen doen? de Stier-luyden hebben
de de wacht? daer hp op antwoozde: niet-met-allen / ick sal 't op mijn wat
wel klaren ; want ick hebbe quaden pits op den Opper-stierman/ende veel
der tot mijn Swager/datse tot mijn boozemen souden willen verstaen.

Den Commandeur hem boozder afvzagende / wanneer den raet om 't Sch
af te loopen besloten was? (also hp sulcx weten wilde) onthenden daer pets a
weten. Derhalven weder ter tozture berept zijnde / ende een weynigh water g
goten hebbende / beloofde te gehoozsamen/ ende te seggen wat hem bekent we
namentlijcke dat hp de eerste repse gehoozt had van 't Schip Batavia af te loop
op dien dagh/als 't selbige berongeluckt is/ende dat publijckelijcke upt den m
van eenen Rijckert Woutersz, ten tijde als den Commandeur ende Sch
met de Sloep nae 't baste landt voeren: dat / soo 't Schip niet ghebleven wa
't selbige in korten tijdt souden afgeloopen / ende den Commandeur met al
bolck / uptgesondert hondert twintigh persoonen ober boozt ghesmeten he
en waren maer wachtende op een goede ghelegentheydt / die haer docht he
wesen / soo wanneer den Commandeur besigh soude wesen met het bolck in
Boepen te setten/ die aen Lucretia handoadigh geweeft waren / ende souden
booz eerst met 't Schip naer Madagascar ofte S. Helena loopen. Derklaerde
de 't selbighe upt den mondt ban Coenraet van Huyssen gehoozt te hebbende;
wanneer de boozsz persoonen gestraft/ofte in de Boepen ghefet waren / da
ban de eerste wesen soude / om met een zabel in de Cajupt te spzingen / ende le
Commandeur ober boozt te werpen. Andermael hem afghevzaeght zijnde/
hp van sulcx geen kennisse hadde/ eer het Schip berongheluckte? antwoozde
neen. Des belast wierdt met de tozture booz te baren; soo heeft wederom
heden om eenige van sijne beschuldenaers te hooren ; dat hem bergunt is.

Jan Heyndricksz Soldaet gheroepen / ende afghevzaeght zijnde of hp mede s
ban de conspirateurs in 't afloopen ban 't Schip soude gheweeft hebben? an
woozde van conspiratie niet te weten/ noch t' Scheep daer ban geweten had
maer dat hp/ na dat 't gebleven was / van dibersche persoonen (nu dood gma)
ghehoozt hadd'/dat den Schipper / Jeronymus; den Hooghboots-man Rijckert
Woutersz; Allert Jansz ban Assendelft; Cornelis Jansz ban Haerlem / alias boont
sen; Gijsbert van Welderen; Coenraet van Huyssen, met noch thien ofte twaelf
anderen / 't selbige souden begonnen hebben , van meeninghe zijnde het Solda
ten-gat toe te spijckeren/ tot dat sp haer wil ban 't Schip souden hebben; en
dat Allert Jansz ban Assendelft/ voozseecker een ban de compliten was.

Allert Jansz ban Assendelft geroepen zijnde / is vzp ende liber ge-examineer
in wat manieren sp het Schip Batavia afloopen wilden / ende wie haer daer te
gebzacht hadd'? heeft geantwoozt / dat hp daer niet ban en wist: maer dat ha
Jeronymus aen Landt wel had hooren segghen / dat sp tot sulcks ghesint ware
daer toe reets een partp bolcks haer Zabels in de kopen hadden legghen; niet
boozders willende bekennen.

Des ter Cozture ghestelt zijnde / persisteerde daer niet ban ghe weten t
hebben.

Het pijnigen begonnen zijnde / bidt om los gelaten te worden / wilde de waer=
hept verklaren. Sepde dat Jeronymus op't Schip bp hem ghekomen is / hem
aendienende ofte mede hantdadigh wesen wilde 't selbige af te loopen/ maer dat
sae nochte neen geantwoordt hadd'. Wat meeder Water ter torture ghegooten
zijnde/ bekende/ dat den Hoogh-bootsman Jacob Pietersz Steen-houwer / en hp/
met meer anderen daer toe Sabels in de Koop hadden legghen. Voorder ghe=
draght zijnde/ bekende den Schipper aenhoerder te wesen/ maer thien ofte
twaelf sterck zijnde/ en dat het des nachts soude gheschiet zijn/ ghesint wesende
het kot toe te spijckeren/ om te lichter 't Schip te vermeesteren.

Jeronymus Cornelisz weder in de Tente gebracht / ende ter torture ghebonden
zijnde/ alsoose geen rechte gront der waerhept upt hem trecken konden ; en hem
afgevraeght zijnde/ ofte hp Allert Jansz van Assendelft / daer toe niet versocht
hadd'? Bekende; Ja/ maer dat den Schipper hem sulcks belast/ ende hp van
hem verleydt was. Voorders is hem af-gebraeght/ waerom den Schipper op
den Commandeur soo verbittert was? Sepde sulcx niet te weten/ verwondert
zijnde dat hp Commandeur soo veel van den Schipper hiel ende verdroegh ;
maer dat den Schipper hem wel gesept heeft/ dat hp den haet op den Comman-
deur in Surratta ghenomen hadt / naer 't Vaderlandt varende/ als hp hem op een
avont met woorden begrepen hadd'; waerom hem den Commandeur Grijp, ende
Wollebrant Gelynsz Opper-koopman bestraft hadden/ seggende sulcx den rech-
ten wech niet te wesen/ om met brede in't Vaderlant te komen; en behoorden den
Commandeur soo niet te besegenen/ ofte ten minsten om harent wille wat te dis-
simuleeren. Daer op hp den schipper voorgehouden had soo 't door haer geschie-
de/ of 't niet beter geweest was den Commandeur secretelijcke overboort te smij-
ten/ dan souden sp haer Heeren Meesteren soo veel schade niet gedaen/ en soo veel
onnoosel arme zielen vermoort hebben? daer den schipper op soude geantwoort
hebben/ sulcks niet alleen om den Commandeur haet te wesen/ maer ooch tot
haer aller besten/ vermits in Indien voor de maets weynigh profijt meer te doen
is/ hp wilde met 't selbige Schip noch wat wonders upt richten. Hem van Je-
ronymus wijders gebraeght zijnde/ of daer geen perijckel in ghelegen was/ en of
hp 't selbige wel soude konnen upt-boeten? daer den Schipper wel op soude ghe-
antwoort hebben/ laet daer mijn mede omspringen/ ick sal 't wel beschicke/ want
van mijn Neef den Schie-man ben ick wel verseeckert/ maer op mijn Swager
den Onder-stierman/ als mede Opper-stierman/ heb ick weynigh vertrouwen.

Jeronymus voorder ge-examineert zijnde/ wiert hem gebraeght wanneer sp desen
aenslagh in't werck souden gestelt hebben? antwoorde/ soo wanneer den Com-
mandeur 't volck wegens 't sept van Lucretia in de Boepen soude geset hebben.
Hem weder gebraeght zijnde/ of de Compagnie ende den Commandeur sulcks
aen hem verdient hadden? sepde/ neen/ maer meer ter ende deught ghenooten
heeft als waerdigh was; dan den Schipper hadt hem tot sulcks gebracht/ hem
veel rijkdommen voor ooghen stellende; daer bp voegende/ ick ben doch voor
den Duphel/kom ick in Indien/ soo moet ick doch tot schande komen.

Maer voorder examinatie wierdt hem weder gebraeghe/ waerom hp onder 't
volck uptgestropt hadt/ dat den Commandeur hem in 't af-scheyden van 't
Schip soude belast hebben/dat hp het getal van 't gebergh de volck op 40. koppen
soude soecken te brenghen? ontkende sulcken last van den Commandeur ont-
fangen te hebben; maer dat David van Zeevanck noodigh gevonden hadt sulcks
't volck wijs te maecken.

Bekende mede dat hp David van Zeevanck ende Lucas Gillifz t'famen gereſol-
veert hadden / 't eerſte Jacht dat tot haerder verloſſinge homen ſoude af te loo-
pen / om daer mede naer Spanjen ofte daer ontrent te zeplen; want ſp al-te-ſamen
niet en twijffelden ende booz ſeecker hielden / dat den Schipper / den Comman-
deur upt den Boot ober boozdt in Zee ſoude geſmeten hebben / en dat hp met de
Boot naer Mallacca was geloopen / om daer een Jachtte bekomen / om 't bolck
ende 't geldt te halen; ofte ſoo hp hem op Batavia dozſte begheben / ſoo twijffelde
niet ofte den E. Heer Generael ſoude niet naer-laten / hem een Jacht te verlee-
nen / om 't Schip en bolck op te ſoecken / ende dat zijnde / ſoo waren ſp klaer.

Noch gebzaeght zijnde / waerom hp Meeſter Frans Ianfz ban Hoozn Opper-
barbier koztelijcks hadde laten doodt-ſlaen? antwoozde; om dat hp David van
Zeevanck in de wegh was / ende dat niet recht nae haer humeuren ende pijpen
danſſen wilde / ſoo dat weinigh bertrouwen op hem ſtellen konden.

Af-gebzaeght zijnde / welcke de onſchuldighſten ende onnooſelſten onder haer
waren? ſepde; Jaques Pelman, Juriaen Ianfz ban Bzeemen / Bootfgeſellen; Reynert
Hendrickfz ban Barch-looft Bottelier / Abraham Ianfz ban Operen / Boſchie-
ter; Teeuwis Ianfz ban Amſterdam / Cimmerman / ende Jan Willemfz Selijns ban
Amſterdam Kupper. Berklaerde mede dat den Raet in deſe bier naerbolgende
perſoonen beſtont / als Jeronymus Cornelifz; Coenraet van Huyſſen, David van
Zeevanck ende Iacob. Pieterfz Steen-houwer; en alſſer onder haer beſloten wiert /
wie men doodt ſlaen ende ban kant helpen ſouden / ſulcks wierde batelijck upt-
geboert. En om wijders alle miſbertrouwen onder den anderen wegh te nemen /
hebben den eedt ban getrouwigheyt t'ſamen geſwooren; en dat wie daer in be-
grepen / en ſulcks geteeckent had / 't leben ſoude geſpaert werden: gelijck 't ſel-
bige bp eenige acten hier booren Pap. 11. geinſereert te leſen is.

Boozder examinatie ghedaen op den 22. September 1629.
op 't Eplandt Bataviaes Kerck-hof.

Jeronymus Cornelifz wederom boozgeſtelt zijnde / is hem af-gebzaeght of hp
in 't af-loopen ban 't Schip Batavia geconſenteert heeft / en of hp ban den Schip-
per daer toe gebzacht is? ſepde daer geen raedt toe gegeben te hebben / maer dat
de Schipper hem daer toe gheperſuadeert hadt. Hem noch ghebzaeght zijnde /
of 'er een Jacht gekomen hadt / of ſp 't ſelbige in haer bermoghen zijnde / gewiſ-
ſelijck af-geloopen ſouden hebben? bekende jae / ſoo wanneerſe het ander bolck
op het Eplandt hadden konnen bermeeſteren / daer ſp dagelijcks haer beſte om
deden / wel bermoedende dat ſp het komende Jacht ſouden waerſchouwen. Be-
kende mede ter pzeſentie van Jan Hendrickfz / ſoo wanneer Nicolaes Winckel-
haeck, Paulus Barentfz, Beſſel Ianfz ban Harderwijck / ende Claes Harmanfz
ban Maeghdenburgh upt het Water / daer ſpſe meenden doodt te ſlaen / ontrent
den Tent ban Jeronymus quam bluchten; dat hp aen Jan Hendrickfz belaſte /
ſegghende gaet en ſlaetſe doodt / gelijck hp ſulcks oock dede.

Dat mede (ſoo wanneer des Pzedicants bolck bermoozt wiert/) geſept heeft
den Domine ſalder oock niet langhe weſen. Noch ſoo wanneer de ſiecken ber-
moozt wierden / hp Jeronymus Cornelifz nebens Gyſbert. van Welderen ende
Coenraet van Huyſſen, Andries de Vries ghenomen hebben / hem aen alle de ſiec-
ken haer hutjens bzengende / t'ſamen elf in 't ghetal zijnde / ghebiedende haer den
hals af te ſnijden / 't welck hp bolboert ende gedaen heeft.

Mede /

Mede/ soo wanneer Cornelis Pietersz. van Uptrecht/ Heyndrick Claesz Onder-timmerman den hals af-sneedt/ soo is 't selbighe in teghenwoordigheydt van Jeronymus gheschiet.

Wordt mede in sijn presentie/ van Allert Jansz van Assendelst beschuldight/ dat/ soo wanneer hy hem belaste Andries de Bruyn, Jonghen/ den hals af te snij-den/ dat hy hem om Dogheltjens te banghen uyt-sendt/ en dito Assendelst hem volghende/ het seyt volbracht wierdt.

Aen hem/ Jeronymus Cornelisz dese boven-ghescheven examinatie ende be-kentenisse voorgelesen zijnde/ is hem afgebraeght of die niet waerachtigh/ ende alles sich soo toegedragen had: bekend 't selbige (byp / liber/ ende buyten Tor-ture)alsoo gheschiet te zijn.

Jeronymus Cornelisz present zijnde in de examinatie van Leenaert Michielsz Adelborst/ bekent bywilligh/ sonder torture/ van hem/ Jeronymus Cornelisz ne-vens David van Zeevanck, ende Matthijs Bayer, met een blot nae 't Verraders Eplandt ghesonden te zijn/ om aldaer Andries Liebent, Hendrick Jansz van Ol-denburgh (alias Masken) Thomas Wechel van Coppenhagen/ Bootsgesel/ ende Jan Cornelisz Amesvoort, te gaen verdrincken/ dat sulcks tot effecte gebracht is/ behalven dat Andries Liebent van hem/ Leenaert Michielsz verbeden is. Jero-nymus bekent dit waerachtigh te zijn.

Noch bekent hy/ dat Leenaert Michielsz voorsz nevens Cornelis Pietersz van Uptrecht; Hans Jacobsz, Jan Heyndricksz ende Meester Frans de Barbier/ uyt haer Tenten heeft laten halen/ haer belastende/ nevens David van Zeevanck, ende Coenraet van Huyssen, met het Schuytjen naer 't Robben Eplandt te baren/ om daer alle de op-zijnde menschen te vermoorden/ dat sy gedaen hebben/ behalven seventien persoonen die by 't leven gelaten wierden.

Oock heeft hy Jeronymus, Leenaert Michielsz, Jan Heyndricksz, ende Rutgert Fredericksz, in sijn Tente gheroepen/ haer zabels ghevende om Andries de Vries Assistent doodt te slaen; dat sy volboert hebben.

Wijders bekent hy/ als voorgenomen had des Predicants huysghesin te ver-moorden/ dat als doen ter tijdt eenighe spijse aen Coenraet van Huyssen behan-dight heeft; seggende dat hy den Predicant/ sijn Dochter ende hem/ Jeronymus/ daer op nooden soude; dat wijders des naermiddaeghs by hem heeft doen ko-men Leenaert Michielsz, Jacob Pietersz, Jan Heyndricksz, Wouter Loos, Andries Jonas, ende Andries Liebent; haer aenseggende/ als hy des avonts in de Tente van Coenraet van Huyssen ten eten wesen soude/ dat alsdan het huysghesin van den Predicant souden doodt-slaen; 't welcke oock alsoo volboert is.

Bekent mede dat hy Leenaert Michielsz voorsz/ met Lucas Jelisz ende Jan Hendricksz, des nachts/ den 12. Julij/ uyt haer Tenten heeft laten halen/ bela-stende dat se souden gaen ende snijden Paschier van den Enden, Bosschieter/ als mede Jacob Heyndricksz Timmerman/ ende noch eenen siecken Jonghen/ den hals af; dat sy oock ghedaen hebben.

Dat hy op den 6. Augusti des morgens in de tent van David Zeevanck stont/ roepende Jan Heyndricksz hem sijn Ponjaert (die hy dagelijcks by hem droegh) ghevende; segghende/ gaet steeckt Stoffel Stoffelsz/ (die luyen sielt/ die daer staet en werckt of hem de ledenen ghebroken waren) het herte af; 't welck Jan Heyndricksz so dede.

Oock bekent hy op den 16. Augusti sijn zabel aen Jan van Bommel ghegeven te hebben/ seggende/ gaet beproeft of die scherp genoegh is/ slaet Coen Aldertsz van

CC 2   Alpen-

Alpendam / Hoop-looper / den kop daer mede af; doch Jan van Bommel daer te
licht toe zijnde / heeft Matthijs Beyer hem / in Jeronymus presentie / den kop af-
gheslaghen.

Bekent epndelijck mede / al-hoe-wel hp een ghetrouwt Man was / dat echter
Lucretia Jansz, Hupsvrouw van Boudewijn van der Mijlen, in sijn Tente genomen
heeft: haer teghens haer danck / den tijdt van twee maenden voor sijn bp-sit / ne-
bens bleeschelijcke conbersatie / ghebrupckende.

Op den 24. September / Jeronymus Cornelisz tegenwoordigh zijnde in de exa-
minatie van Rogier Decker, van Haerlem / gewesene Kajupt-wachter op 't ver-
ongeluckte Schip Batavia; bekent dat hp Rogier Decker voorsz op den 25. Julp
in sijn Tente gheroepen heeft / hem een Beecker Wijn te drincken ghebende / als
mede sijne Ponjaert: seggende / gaet bupten / stoot die Heyndrick Jansz van Pur-
merent in 't herte; welcke last Rogier voorsz oock naer gekomen is.

Den den 28. dito / alsoo Lucas Jelisz upt den Hage / Adelborst / op de boben-ver-
haelde bekentenisse van Jeronymus Cornelisz mede bp de moort van Passchier van
den Enden soude geweest zijn: Soo bekent hp / ter presentie van Jeronymus, dat
hem / nebens Leenaert Michielsz ende Jan Heyndrickz door ordre van Jeronymus
voorsz van David van Zeevanck belast wiert / Passier van den Enden, Bosschieter /
ende Jacob Heyndricksz Timmerman te vermoorden; ontrent de tente komende / is
Jan Heyndrickz ingesprongen / ende heeft Passchier voorsz den keel afgesteken; doch
Jacob Heyndricksz wiert belast in sijn tente te blijben. Doen ging David van Zee-
vanck bp Jeronymus: seggende / Jacob Heyndricksz is een goet Timmerman / laet
hem blijben leben; daer Jeronymus op antwoorde / 't is maer een draper ende half-
manck / hp soude schier ofte morgen klappen / hp moet mede voor. Tot bebestin-
ge dat sulckx waerachtigh is / hebben Leenaert Michielsz ende Jan Heyndrickz (ten
dien epnde daer mede bp-geroepen zijnde) sulckx op haer ziel en salighepdt ber-
klaert; seggende mede daer den doot op te willen sterben. Van Jeronymus ontkent
sulcx / seggende dat het geloogen is; als mede alle het gene hp voor desen ende tot
noch toe bekent heeft; als door drepginge van torture hem sulcx afgeperst zijnde.

Deshalben / om sijn groote ongestadighept / ende bariable bekentenissen / prat-
tiserende sinistre middelen (al-hoe-wel in sijn tegenwoordighept van alle men-
schen beschuldight ende obertupght is) die alle leugenachtigh maken. So heb-
ben wp hem als noch / ende dat voor de laetste mael / weder met de torture ghe-
drepght / ende af-gebraeght / waerom hp de spot met ons drijft: alsoo alles goet-
willigh tot diversche repsen voor desen sonder pijnigen bertelt en beleden heeft;
soo den oorspronck ende circumstantie weghens 't aslooopen des Schips Batavia,
als de na-gepasseerde groulwelen; soo berklaert hp weder / alles wat hp beleden
ende bekent heeft / also geschiet ende waerachtigh te zijn / maer dat alles wat hp
doet / is om berlangenisse / op hope datse hem op Batavia soude brengen / begeerigh
zijnde sijn Vrouw noch eens te mogen spreecken; wel wetende quaets genoeg ge-
daen te hebben / daer hp geen genade ober soeckt. Jan Heyndrickz ende Allert Jansz
van Assendelft / hebben goetwilligh / sonder bragen / aengedient / als dat Jerony-
mus Cornelisz, haer op een abont ten eten genoot had / en onder andere propoosten
bertelt / dat / soo het Schip niet berongelucht had / 't selbighe eenighe dagen daer
naer souden afgeloopen hebben; de principaelste van desen aenslagh / zijnde den
Schipper; hp / Jeronymus Cornelisz den Hoog-bootsman; Coenraet van Huys-
sen / ende meer anderen / tot welcken epnde sp het soldaten-gat toespijckeren sou-
den; dit in presentie geconfronteert zijnde / is soo waerachtigh bebonden.

Op

Op dato des achtermiddaeghs heeft den Commandeur dese examinatie en- **1629.**
de bekentenisse in 't openbaer voor alle menschen die op 't Eylandt waren / in **Septem.**
teghenwoordigheydt van Jeronymus Cornelisz voorghelesen / hem af-vraghende
sulcks niet waerachtigh te zijn : daer hy op antwoorde daer in pets te staen / soo
van Allert Iansz van Assendelft ; Jan Hendricksz als anderen / die hem t'onrecht
beschuldighden. Verhalven heeft den Commandeur ander-mael op de ghevan-
genen (die daer present waren) voor Godt geprotestert / soo sy Ieronymus Cor-
nelisz in 't minsten met pets beswaerden / dat sulcx voor den Goddelijcken
rechter-stoel ten uptersten daghe souden hebben te verantwoorden. Daer de ge-
vangenen eendrachtelijck op spraken ende riepen / hem in 't minste niet beswaert
te hebben / ofte wilden 't selbighe op haer ziel en salighheyt nemen / daer op ster-
ven / ten uptersten dage verantwoorden. Des den Commandeur Ieronymus an-
dermael aenghesproken heeft ; hem vraghende waerom hy den spot door sijn on-
verduldige vertwijffeltheden met den Raet was drijvende / 't eene uur de waer-
heydt segghende / 't ander uur sulcx weder ontkennende : daer hy eyndelijck op
antwoorde sulcx ghedaen te hebben om sijn leven te verlanghen ; doch dat hy
quaet ghenoegh ghedaen heeft / ende de straffe niet ontgaen konde.

Volght noch seeckere ghetuyghenisse / ten lafte van Jerony-
mus Cornelisz voorgenoemt verleent.

WY ondergeschrebene Weybbe Hayes van Winschoten Sergiant ; Claes Iansz **Octob.**
't Hooft uyt Uitmarssen / Trompetter ; Allert Iansz Corporael / ende Ian
Karstensz van Comunge / Bosschieter / attesteren ende getuygen op onse mannen
waerheyt / met onse oogen gesien ende nuchtere ooren gehoort te hebben / op he-
den den 2. Octaber 1629. dat Lucretia Iansz Weduwe van Boudewijn vander Mij-
len een uur te vooren dat Ieronymus Cornelisz door Justitie (weghen sijn over-
groote misdaden) van 't leben ter doot soude gebracht werden / haer tegens den
voorsz Ieronymus seer beklagende van de sonde die hy met haer / tegens haer wil-
le / ende daer toe gedwongen zijnde / gedaen hadde ; waer op Ieronymus seyde ; het
is waer / ghy hebter geen schult toe / want ghy hebt wel twaelf dagen by mijn in
de tente geweest eer ick mijn wille van u krijgen konde : segghende voorts / dat
hy 't op 't laetste tegens David van Zeevanck klaeghde / dat tot sijn voornemen met
goedheyt ofte quaetheyt niet konde geraken. Des Zeevanck antwoorde ; weet ghy
haer geen raet toe : dat sal ick haer wel haest doen doen ; waer over Zeevanck in
de tente quam / en seyde tegens Lucretia ; ick hoore klachten over u ; waerom sey-
de sy : om dat ghy den Commandeur met goedheyt sijn wille niet en doet ; maer
ghy moet nu kiesen ofte deylen / de wegh van Wybrecht Klaes te gaen / ofte te doen
't gene daerom wy de wijven gehouden hebben : alsoo heeft het Lucretia voor 't
vreest doogen dien dagh moeten consenteren / ende heeft soo den tijt van 2. maen-
den sijn vleeschelijcke wille met haer gedaen. In teecken der waerheyt (dat dit
hebbenschreben aldus waerachtelijcke van woort tot woort uyt de mondt der
Ieronymus Cornelisz gehoort hebben / ende ter presentie van meer anderen ghe-
schiet) hebben dit met onse ghewoonlijcke haut-teeckenen onderteeckent. Ver-
holten zijn bereyt tot allen tijden (daer toe versocht zijn) sulcks met eede te be-
vestigen. Actum op 't Eylant / genaemt Bataviaes Kerck-hof, omtrent het wraeck
van 't berongheluckt Schip Batavia. Datum ut supra.

Op

1629.
Septem.

Op huyden den 28. September/ 1629. soo hebben

den Commandeur Françoys Pelsaert, en sijn Scheeps-raden van 't Jacht Sardam, dit naervolgende (op 't Eplant/ Bataviaes Kerck-hof ghenaemt/ gelegen by het wrack van 't verongeluckte Schip Batavia, op de hooghte van 28. graden Zuyder breette / ontrent neghen mijlen van 't vaste Landt) geresolveert.

Resolutie.

NAer dat nae veel moeyten ende uptgestane perijculen (daer Gode voor moet ghelooft ende ghepresen zijn) den 17. September deses jaers 1629. met ons Jacht Sardam, ontrent het hooghe Eplandt/ twee mijlen van 't wrack onses verongheluckte Schip Batavia weder ghekomen waren; ende den Commandeur met Broodt/ Water ende Wijn te Lande gevaren zijnde/ om de Menschen (die wy door den opgaende roock vermerckten daer te wesen) te spijsen ende te laben; soo quam hem voorts een kleyn Schuytjen met vier Mannen teghen/ die hem waerschouden/ dat hy datelijck weder naer Scheeps-boort keeren soude; alsoo aldaer op een Eplandt ontrent het wrack/ een party Schelmen waren/ die het komende Jacht (tot haerder verlossinghe) meynde af te loopen; als mede dat sy den Onder-koopman Jeronymus Cornelisz, 't hooft der Schelmen (die haer meynde te overvallen ende om te brenghen) ghevanghen hadden/ die den Commandeur liet halen/ en ghevanckelijck aen boort brenghen; met sijn Schuytje voorts weder te rugghe naer 't Schip keerende/ om de sijnen dese droevighe tijdinghe (die hy in soo korten tijdt met herten leet verstaen hadde/ bekent te maecken/ en haer tot tegenweer vaerdigh te houden; in 't wederkeeren quamen hem elf van dese Schelmen met een plat-boomde Schuyt naer gheroept; die sy aen boordt komende/ ghevanghen namen/ ende t'Scheep in hechtenisse stelden; dese alles / nevens Jeronymus Cornelisz (die daeghs te vooren t' Scheep ghevanghen ghebracht was) ghe-examineert zijnde/ soo heeftmen upt haer met groot leetwesen verstaen/ de grouwelijcke ende abominable moorden die by Jeronymus voorschreben/ neffens David van Zeevangh, Assistent; Coenraedt van Huyssen, Adelborst; (die veerthien daghen te vooren als Jeronymus Cornelisz ghebanghen wierdt/ op 't hooghe Eplandt doodt-gheslaghen zijn) nebens Jacob Pietersz. Lantspassaet/ die 't ontvluchte / in 't werck ghestelt ende uptgherecht hadden; van meeninghe zijnde/ alle het gebergde bolck tot op veertigh ofte minder getal te vermoorden/ ende om den hals te brenghen; practiseerende hoe seker getal bolck (seven-en-veertigh zielen sterck zijnde/ die op 't hooghe Eplandt gheblucht ende upt het moorden haer leven gesalveert hadden) souden vermeesteren ende vermoorden (hebbende diversche assauten ten dien eynde op haer ghedaen / doch t' elckens afgeslagen) om alsoo/ volghens haer eyghen bekentenisse/ het eerste Jacht dat tot haerder verlossinge komen soude/ af te loopen/ en daer mede naer Spanjen, Barbaryen ofte dierghelijcke plaetsen aen te zeylen / ende op den roof te leven.

Datse

Datse booꝛder volghens hare bekenteniſſe ende getuygen reets onder Mannen/ Vꝛouwen ende Kinderen ober de hondert twintigh zielen/ſoo berdꝛoncken als bermooꝛt ende alderhande wꝛeedtheydt omghebꝛacht hadden: waer ban de pꝛincipaelſte mooꝛders (noch in 't leben) zijn Leenaert Michielſz ban Os / Soldaet; Matthijs Beyr ban Munſterbergh / Adelboꝛſt; Jan Hendrickſz ban Bꝛeemen / Soldaet; Allert Janſz ban Aſſendelft / Boſſchieter; Rutgert Fredrickſz ban Groeningen / Slootemaecker; Jan Pillegromſz de Bye ban Bommel / Kajuyt-wachter; ende Andries Jonaſz ban Lupck / Soldaet; met haer conſooꝛten: Beſhalben met examineeren ende onderſoecken dagelijcks ban den ſebenthienden deſes maents September; tot op heden beſigh gheweeſt zijnde/ om de rechte waerheydt ban alles wel te binden/is 't dat wy ſoo upt 't examen als willighe bekenteniſſe bebinden/ dat Jeronymus Cornelisz, op het Schip Batavia. Onder-koopman weſende/ ban de Cabo de Bonna eſperanſe zeylende met Schipper Adriaen Jacobſz in conſpiratie ghetreden is / om 't ſelbige Schip af te loopen/ ende alle het bolck op hondert twintigh zielen naer te bermooꝛden; ende dan met 't ſelbighe op den roof te baren; ende eyndelijck in Spanjen ofte dierghelijcke plaetſen in te loopen; dan dat ſulcks door 't Schips beronghelukinghe niet hebben konnen uptboeren. Bekende booꝛder dat alle de Menſchen door ſynen laſt/ ende goet-binden ban ſynen raet bermooꝛt zijn/ om haer geſelſchap tot een kleyn getal te bꝛengen. Dat hy wijders nebens David van Zeevangh, Coenraet van Huyſſen, ende Jacob Pieterſz gereſolbeert had / het eerſte komende Jacht af te loopen; doch dat eerſt haer beſt doen moſten het bolck op 't groote Eylant te bermeeſteren / ofte tot haerder debotie te bꝛengen; en dan een Jacht gekomen zijnde/ dat het bolck met de Boot aen Lant ſouden laten komen/ en die dꝛoncken te maken/ om haer te lichter om den hals te bꝛengen/ ende dan 't Schip te beter by nacht te oberrompelen; welcke aenſlagh haer doch niet wel te ſullen konnen faljeeren/ om datſe rekeninge maeckten ſulck een Jacht boben 20.a 30. man niet te boeren. Eyndelijck naer beel examineerens ende onderſoeckinghe ban alle obergeblene menſchen (met Godes hulpe) tot de rechte kenniſſe ende waerheyt ban deſe ſchꝛickelijcke daden gekomen zijnde; ſoo wierdt by den Commandeur booꝛgheſtelt ende gheproponeert/ of men ſulcke grouwelijcke boos-wichten/ die met alle ſchelm-ſtucken beſmet / en ban menſchelijcke medelijden ontbloot zijn/ op ons Schip behooꝛden geboeyt ende gebangen naer Batavia te bꝛengen/ om aen den E. Heer Generael (bolgens den erpreſſen laſt ban de Bewinthebberen onſe Heeren ende Meeſteren). om aldaer na haer berdienſten geſtraft te werden; ofte datmenſe hier ter plaetſe/ daer het ſeyt begaen is (om Schip ende bolck in geen meerder perijckel te ſtellen) behooꝛden te ſtraffen. Sulcx dan rijpelijck ende op 't hooghſte gedebatteert ende oberwoghen hebbende/ bebindende den perſoon ban Jeronymus Cornelisz niet alleen met abominable miſdaden beſmet/ maer daer en boben in een berdoemelijcke ſecte berballen/ ſuſtineerende datter noch Duybel nochte Hel ſoude zijn/ ſoeckende ſulcx ſijn mede-mackers in te planten/ ende haer alle in ſulck een berkeerde ſin te bꝛenghen. Soo hebben eenſtemmelijcke gereſolbeert/ goet gebonden ende beſlooten/ ten meeſten dienſte ban de Compagnie onſe Heeren ende Meeſteren/ om haer Schip ende koſtelijcke middelen (alhier Godt lof gebiſt) booꝛ booꝛder onheyl ende perijckelen te berſeeckeren/ den booꝛſz Jeronymus Cornelisz, met ſijn grootſte ende goedtwillighſte Mooꝛdenaers (die ban ſulcks haer pꝛofeſſie gemaeckt hebben) te ſententieren ende condemneeren: ghelijck wy haer ſententieren ende condemneeren mitsdeſen. Eerſtelijcke:

cc 4

Dat

**Senten-
tie van
Ieronij-
mus Cor-
nelisz van
Haerlem.**

Dat Ieronymus Cornelisz van Haerlem / Apotheecker / gheweest hebbende On-
der-koopman op 't Schip Batavia (naer dat eerst sijn versochte Doop ontfangen
sal hebben) op Maendagh den eersten October deses Iaers 1629. ghebracht sal
werden op 't Robben Eylandt / ter plaetse daer men de Iustitie executeren sal /
om aldaer eerst beyde sijn handen af te happen / ende daer naer aen een opgerech-
te Galge met de koorde te straffen / datter de doot naer volght: blijvende voorts
alle sijne Goederen / Gelde / Gout / Silver / maent-gelden ofte eenighe pretensien
die hy alhier in Indien soude mogen te pretendeeren hebben / ter profijte van de
Generale Oost-Indische Compagnie onse Meesters geconfisqueert.

**Senten-
tie van
Ian Hey-
drickß.**

Watmen Ian Heyndrickß van Breemen / Soldaet ; out ontrent vier-en-
twintigh Iaren / hebbende volghens sijne bekentenisse (weder by examinatie
in 't largo blijckende) seventien a achtien Menschen vermoort ende helpen ver-
moorden / oock van meeninge geweest / het komende Iacht te helpen af-loopen /
mede op 't Robben Eylandt / ter plaetse daer men de Iustitie exerceert brenghen
sal / om eerst sijn rechter-handt af-gekapt / ende daer naer met de koorde aen een
galghe te straffen / datter de doodt naer volght: met Confiscatie van alle sijne
plunjen / maent-gelden ende alle 't gene hy van onse Heeren ende Meesteren sou-
de mogen te pretendeeren hebben.

**Senten-
tie van
Leenaert
Michiel-
sen van
Os.**

Also Leenaert Michielsz van Os Adelborst / oud ontrent een-en-twintigh Ia-
ren / hem volghens sijne bekentenisse verbordert heeft / twaelf Menschen te ver-
moorden / ende helpen vermoorden ; oock by ghetroude Vrouwen te slapen ;
ende Annetje Bosschieters, Huys-vrouw van Ian Casterß van Coninghen voor
sijn by-sit te houden. Soo is 't dat hy mede op 't Robben Eylandt (ter plaetse
der Iustitie) ghebracht sal werden ; om eerst sijn rechter-handt af-ghekapt /
ende daer naer aen een galghe met de koorde gestraft te werden / datter de doodt
nae volght: blijvende voorts geconfisqueert alle sijne plunjen / maendt-gelden /
en wat meer te pretendeeren soude moghen hebben / ten profijte van onse Heeren
ende Meesteren.

**Senten-
tie van
Matthijs
Beyr / van
Mun-
sterberg.**

Also Matthijs Beyr van Munsterbergh / een-en-twintigh Iaren ontrent oudt
zijnde / volghens sijne by-willighe bekentenisse / noghen Menschen vermoort
ende helpen vermoorden / oock Susjen Fredericks ghetroude Vrouw / voor sijn
by-sit ghehouden heeft. Soo is 't dat hy op 't Robben Eylandt ter Iustitie ge-
bracht sal werden ; om eerst sijn rechter-handt af te happen / ende daer naer aen
galge met de koorde te straffen / datter de doodt na volght ; sijn plunjen / maende-
ghelden ende goederen tot Compagnies / onse Heeren ende Meesteren profijt /
verbeurt blijvende.

**Senten-
tie van
Allert
Iansz
van Af-
sendelft.**

Allert Iansz van Affendelft / Bosschieter / ontrent vier-en-twintigh Iaren
out ; heeft volghens sijne by-willige bekentenisse beleden ; hoe dat (van Iero-
nymus Cornelisz daer toe versocht) geconsenteert heeft / het Schip Batavia te sul-
len helpen af-loopen / dat hy Andries de Bruyn van Haerlem Ionger / de keel af-
gesneden ; ende Ian Pinten Engelsman heeft helpen doodtslaen ; dan oock doen-
de gheweest was om Aris Iansz van Hoorn Onder-barbier op een nacht te ver-
moorden / doch dat sulcks wegens de bottigheydt sijns Sabels niet tot effecte
quam / hoe-wel hem een slagh op de schouderen gaf die niet door-en-ging / soo dat
hy 't wegens de duysternisse des nachts en 't Water ontvluchtede ; dat mede al-
lerhande moetwilligheden in 't blijven des Schips / bedreven heeft. Soo dat
te dier oorsaecke op 't Robben Eylandt ghebracht sal werden / om volghens sen-
tentie / eerst sijn rechter-handt af ghekapt / ende dan aen een galge met de koorde
ghestraft

geftraft te werden/ datter de doodt naer bolgt; blijvende fijn plunjen ende maendt-gelden tot Compagnies profijte geconfifqueert.

Jan Pillegromfz. de Baye ban Bommel/ ghewefende, Kojupt-wachter op 't ber-ongeluckte Schip Batavia, oudt ontrent achtien Jaren/ heeft volgens fijn epgen bekenteniffe een feer Goddeloos breffelijck leben (foo in woozden als in wert-ken) ghelept; dock een Jongen op het Robben Eplandt bermoozt/ noch Jan-neken Gijfen, Hupfbzouwe ban Jan Heyndrickfz Boffchieter upt den Haghe / ne-bens Andries lanfz helpen doodt-flaen: dock den feftienden Augufti laeft-le-ben feer inftantelijck berfocht/ dat hp Cornelis Alderffz. ban Alpendam Hoop-looper het hooft foude mogen afflaen/ dat hem gheweygert wierdt/ daer hp doen feer om fchzepde/ alfoo fulcks Matthijs Beyr bergunt was; Epndelijck Susjen ende Trijntjen Fredericks twee ghefufters ende Anneken Boffchieters, al-te-famen ghetrouwde Bzouwen vleefchelijck bekent. Deffalben falmen hem op 't Robben Eplandt bzenghen/ ende aldaer aen een galghe met de koozde ftraf-fen/ datter de doodt naer bolghet; met confifcatie ban alle fijne plunjen/ maendt-gelden/ ende 't gene hp op de Bewint-hebberen onfe Heeren ende Meefteren fou-de hebben te pzetendeeren.

Andries Ionafz ban Lupck Soldaet/ oudt ontrent de 40. Jaren/ belijdt/ vol-ghens fijn bzpwillighe bekenteniffe; dat als Paulus Barentfz ban Harderwijck in 't Water ghedoodt wierdt/ dat hp oock met een Pieck dooz fijn keel ftack/ tot hp fterf: dat Mayken Soers, fwanger zijnde/ op 't Robben Eplandt de keel afge-fneden heeft: oock Janneken Gift/ nebens Jan van Bommel heeft helpen doodt-flaen: en epndelijck hem boozts tot alle quaden laeren ghebzupcken. Derhalben falmen hem oock op 't Robben Eplandt bzenghen/ om aldaer aen een galge met de koozde gheftraft te werden/ datter de doodt naer bolget; met confifcatie ban alle fijn plunjen/ maendt-gelden/ ende waer ban de Bewint-hebberen onfe Hee-ren ende Meefteren/ foude mogen te pzetenderen hebben.

Rutgert Fredrickfz ban Groeninghen/ Sloote-maker/ oudt ontrent de dzie-en-twintigh Jaren: bekent: bzp-willigh ende bupten banden/ dat hp Jacob Groenewal, Opper-trompetter (als hp foude berdzoncken worden) handen en de boeten gebonden heeft/ doen hp dooz Zevanck ende de Vries in Zee gedzaghen wierdt: alfmede foo wanner Pieter lanfz Hesboost met Ones 14. ban de blot-ten in Zee ghewozpen wierden/ ende Paulus Barentfz, Boffel lanfz Harderwijc-kers; nebens Nicolaes winckelhaeck, ende Claes Harmanfz ban Maeghdenburgh het ontfwommen/ ende hier op 't Eplandt quamen bluchten/ ban Ieronymus Cornelifz belaft wierdt datmenfe doodt foude flaen; dat hp Rutgert Fredrickfz alfdoen Paulus Barentfz twee flaghen met een Sabel ghegheven heeft/ ende ban hem op Claes Harmenfz geballen is/ die alfoo doodt flaende. Als den Affiftent Andries de Vries, mede doodt-gheflaghen fouden werden/ dat hp alfdoen nebens Ian Heynderickfz ende Leenaert Michielfz, bp Ieronymus Cornelifz in fijn Tente gheroepen wierden/ haer elck een Sabel ghevende/ dat fp Andries de Vriesaen kant helpen fouden/ tot 't welcke hp hem bzp-willigh fonder tegen-feggen heeft laeten ghebzupcken/ doch de Vries fiende dat 't hem ghelden foude/ bluchtede in 't Water/ daer hp ban Leenaert Michielfz berbolght en met 2 flagen doodt ghefla-gen is/ foo dat hp Rutgert Frederickfz tot fulcks niet heeft konnen doen.

Ten anderen affirmeert Ieronimus Cornelifz dat den boozfepden Rutgert hem in alles feer bzpwilligh nebens Matthijs Beyr heeft laten ghebzupcken/ foo dat gheen ontfchuldinghe booz te bzengen heeft. Deffalben falmen op 't Rob-ben

ben Eylandt brenghen / om aldaer aen een Galghe gheftraft te werden / tot dat daer de doot na volghet; blijvende voorts alle ſijn plunjen / maendt-gelden / ende wat te pretendeeren heeft ten profijte van de Bewinthebberen onfe Heeren ende Meeſteren gheconfifqueert.

Hebben mede ghereſolveert / alſoo noch deſe naervolghende miſdadighers in hechteniſſe ſitten / van wiens fauten niet ten vollen gheinformeert ende verſeeckert zijn: ende bewijſen daer van in twijfel ende conſideratie behoorden ghetrocken te werden / of ſy de doodt ſchuldigh zijn / dan of men haer leven (ſonder in ongenade van de E. Heer Generael te vallen) ſouden konnen ſparen; de ſelbighen gheboept in hechteniſſe te houden / tot naerder verklaringhe ten haren laſten mochte ghebonden werden / 't zy om op Batavia ghevoert / ofte naer tijdes gelegentheydt onderwegen op de reyſe gheſtraft te werden; te weten:

Wouter Loos van Maeſtricht / Soldaet; van naer de gevangeniſſe van Jeronymus Corneliſz Capiteyn van deſe rebelligen hoop gemaeckt.

Jacob Pieterſz van Amſterdam / Landtspaſſaet / ghewefen Raedt van Jeronymus Corneliſz; David van Zeevanck, ende Coenraet van Huyſſen.

Hans Iacobſz van Baſel / Abelborſt.

Daniel Corneliſz van Dordrecht / Adelborſt.

Andries Libent van Oldenburgh / Abelborſt.

Hans Frederick van Breemen / Soldaet.

Cornelis Ianſz van Haerlem / Bootsgeſel.

Jan Willemſz Selijns van Amſterdam / Kupper.

Rogier Decker van Haerlem / gewefene Jongen van Jeronymus Corneliſz.

Als mede: Dat (naer beekondighe ghetuygheniſſen ende ooghſchijnelijcke bevindinghe beſpeurt hebben / dat Weybbe Hayes van Winſchooten / Soldaet / in den tijdt dat hy met deſeven-en-veertigh Zielen op 't hooghe Eylandt ghewefen is / haer ghetrouwelijck befchermt / en voor de moorderſche partijen (die haer al te ſamen om 't leven meenden te brenghen / en tot dry reyſen reets bevochten hebben) bromelijcke bewaert heeft) goet ghebonden hebben (alſos daer gheen Officieren over de Soldaten zijn) den voornoemden Weybben Hayes ; Sergiant appointte te maken / ende dat onder een tractement van achtien guldens ter maendt. Daer-benevens Otter Smidt van Halberſtadt / ende Allert Ianſz van Elſen / beyde Adelborſten / (voor de ghetrouwe hulpe dieſe Weybben Hayes bewefen hebben) tot Corporaels / yeder vijftien guldens ter Maendt voor hare tractement ghenietende.

Aldus ghedaen ende ghearreſteert op 't Eylandt *Baaaviaes Kerck-hof*, op datum als boven: ende was onder-reeckent

Francifco Pelfaert.	*Iacob Houteman.*
Claes Gerritſz.	*Iacob Ianſz.*
Symon Iobſz.	*Ian Willemſz.*

Van 't Schip BATAVIA.

COPYE

uyt den Originelen Brief van

GYSBERT BASTIAENSZ

Geschreven uyt *Batavia*, alhier aen
sijne Broeders van sijn periculeuse ende di-
structieuse reyse, gaende in den
Jare 1628. naer *Indien.*

Godt met ons, Amen.

 AER hertelijcke groeteniſſe ende wenſinge alles goets aen mijn
Broeder Jan Baſtiaensz Hugo, mijn Swagher / Suſter / Anneta
Sara, Suſter / den Rentmeeſter Pandelaer / mijn Coʒijn / Sche-
pens / ende alle den ſijnen / alle de Predicanten aldaer / Willem
Reyerſz Swaenenburgh, Janneken Maertens : met een wooʒdt alle
den genen die ghy-lieden weet dat van my behooren ghegroet te
werden: dit weynich nochtans dient daer toe / hoe-wel nochtans met groo-
te dʒoefheydt / als verſchʒickt zijnde om de penne op het Papier te ſetten / om u
van mijn wedervaren op de reyſe te verwittigen. Even-ſoo de ſaeck nu een goe-
den tijdt ghepaſſeert zijnde / ende mijn ſelven onderwerpende de voorſienigheydt
des Heeren / die den ſijnen beproeft tot haren beſten : ende wederom door des
Heeren ghenade wat kracht ende ſterckheydt ontfanghen hebbende ; want ick
naeulijckx en hebbe konnen ſtaen van ſwackheydt / ende dat met goede reden.
Dit is dan de ſomma ende inhoudt koʒtelijck / van mijn wedervaren in deſe
groote ende ſware reyſe : Wy zijn / gelijck als u kennelijck bekent is / den 27. Oc-
tober / 1628. upt Texel t'zeyl gegaen / ende des ſelven daeghs aen de grondt met
het Schip gekomen / meenende dat wy aldaer met het Schip ſouden ghebleven
hebben : Maer Godt de Heer ſulcks verſiende / zijn los geraeckt / ende den 28. di-
to voorſz voort-ghezeylt / eerſt tot onder Engelandt / ende voorts daer naer aen
Sierilyona, ende ten derden aen de Kaep. Wat hem heeft toeghedʒaghen in die
tijdt op de reyſe / zijnde ſaken van kleynen gewichte / ſal U L. t'Amſterdam kon-
nen verſtaen / upt het Journael / by de E. Heeren Bewinthebbers zijnde. Van de
Kaep afgevaren / heeft hem de ſaeck aldus toeghedʒagen : daer is ſoo wat moey-
ten ghereſen tuſſchen den Schipper ende den Commandeur / ende het ontſtont
meeſt upt twee Dʒouwluyden / waer van de eene op het Schip was miſhandelt /
daerom veel moeyten op het Schip is gevallen : Ende wy van de andere Sche-

pen afgedwaelt zijnde / zijn den 4. Junij / 1629. den tweeden Pincterdagh / op
een drooghte gezeylt / by het Zuydlant / alwaer dien selven dagh met mijn / noch
eenighe anderen / behalven mijn Huysvrouw ende Kinderen / door een Boot ofte
Sloep aen een Eylandt geset / d'welck naermaels genaemt is Batavias Kerck-
hof: ende op een ander Eylandt / ghenaemt het Verraders Eylandt, eenighe
Tonnen met Broot en ander dingen gebracht; daer naer hebben sy naer water
gesocht / op een Eylandt ofte twee daer ontrent: ende geen vindende / heeft den
Commandeur met sijnen Raedt besloten / met een Boot te gaen naer Batavien,
't welck gheschiet is / ontrent met veertigh Menschen; doen lieten sp daer noch
een Sloep staen aen het Verraders Eylandt, die daer naer werde aen ons Eylandt
ghebracht: tot dien eynde / op dat wy daer door Water souden bekomen / het zy
op een Eylandt ofte op het Schip: maer den Onder-stierman / met noch ande-
re Boots-gesellen / in de Sloep geseten zijnde / om Water te halen / zijn oock met
de Sloep naer de Boot gevaren / ende hebben ons soo laten staen / droevigh ende
ellendigh: hebbende gheenderley dranck van Wijn ofte Water / in vier ofte vijf
etmalen / alsoo dat wy ons eyghen water moesten drincken / ende veele oock van
dorst zijn gestorven. Daer naer sandt Godt reghen / ende door het middel van
blotten / die sy maeckten / kreghen wy soo wat Broot / wat Wijn ende Water /
ende de menschen / die noch op het Schip waren / raeckten daer nu en dan af / eeni-
ge verdroncken / anders by ons aen landt komende / waer onder oock mede is ge-
weest Jeronymus Cornelisz Onder-koopman van het Schip Batavia , de welcke
voor Opper-hooft is verkoren; den welcken Koopman hoorsz hem in 't eerste
wel heeft ghedraghen: maer een tijdt by ons gheweest zijnde / hem schandelijck
heeft beginnen te verloopen / ende wreetheydt te plegen; eerst heeft hy gemaeckt
een accoordt ofte heymelijck verstant / met eenighe dien hy vertrouwden / ende
heeft haer sijn meeninge gheopenbaert. De somma daer van was desen: Dat
hy haer seyde / dat sy het ghetal van de menschen / aldaer by malkanderen zijnde /
ontrent 200. mosten gebracht werden tot seer weynige; seggende dat den Com-
mandeur / eer hy wech ging met den Boot / hem sulcks hadde te verstaen ghege-
ven / ende heeft aldus sijn voornemen beginnen in 't werck te stellen: heeft eeni-
ghe gemandeert dat sy op een landt souden gaen / een mijl twee ofte drij van het
landt daer wy op waren / om Water te soecken; want weynigh Water zijnde /
konden (soo hy seyde) de Menschen met soo grooten hoop niet lange leven. Die
persoonen van dat landt weder by ons komende / hadden genoegh vernomen dat
daer gheen solaes en was voor den Mensche: maer den Koopman gheboot haer
dat sy souden seggen dat daer Water was / ende goede leeftocht voor de men-
schen / daer op zijnder eenighe anderen gemandeert / ende eenighe oock uyt haer
selven gegaen / om oprecht te weten of daer Water was / ende dat sy dan souden
vperen: maer sy en vonden op dat hooghe landt gheen water / maer sy quamen
op een ander hoogh landt / daer vonden sy Water / ende doen vperden sy. Nu / dat
ging soo deur / elck seyde daer moet Water zijn / de Menschen en souden anders
niet konnen leven / soo dat nu en dan een deel van de kloeckste Soldaten / aldaer
het Water was / by malkanderen raeckten: doen heeft hy met sijnen Raedt / en-
de met de Soldaten die hem toeghedaen waren / beginnen sijn voornemen in 't
werck te stellen. Sy hadden blotten / daer stelden sy 8. ofte 10. Man op / ende
daer van die ghene op zijnde / die sy vertrouwden / voeghden daer dan by 2. ofte
3. van de kloeckste Soldaten / die noch by ons waren / die nergens van wetende /
op het Diep van zijnde / van de quaden dan werden ghebonden / ende in 't Water
gesmeten

ghesmeten: ende dan bzachten sp tijdinghs dat sp haer op het hooghe landt/ daer
het Water was/ hadden bestelt. Sp voerden oock Mans/ Dzouwen/ ende groote
Jonghers/ op een Eplandt/ naer bp ons/ ghenaemt het Robben Eplandt/ onder
dien naem/ dat sp haer daer wat souden versozghen: ondertusschen soo ginghen
de vooznaemste Moozders/ ende sloeghen een deel Menschen doodt/ een deel de-
den/ sp in 't water loopen eenighe quamen daer nu en dan af/ die op blotten en
andersins op het landt raeckten/ daer het Water was: daer komende/ ende die
ander daer bindende/ verhaelden sp wat haer was wederbaren/ doen merckten
sp wat daer gaende was/ en bleven doen ontrent met haer 50. bp malkanderen/
sp doen van ons blijvende/ ende de vooznaemste Soldaten nu wech zijnde/ heb-
ben sp voozts aen het moozden ghegaen/ swangher Dzouwen/ Mans ende Kin-
deren vermozght/ want sp en toonden haer anders niet als strupckroovers; het
was den gantschen dagh haer spzeeck-woozt/ wie wil op de voz ghestooten zijn/
soo dat wp al-te-samen alle ooghen-blick verwachten dat wp souden ghedoodt
werden: ende continueerlijck tot Godt suchten om een ghenadighe uptkomst.
Maer de Moozders hebben raedt gheslaghen/ hebben mijn ende mijn Dochter
Judick noch wat willen verschoonen/ om dat daer een was van den bloedt-raedt
die mijn Dochter ten Huwelijck versocht ofte begeerden/ soo hebben sp mp/ met
mijn Dochter Judick/ in een van haer Tenten/ ten eten savoits ghenoodt; wp
niet wetende waerom/ hebben mijn Dzouw en Kinderen/ met die Dochter die
ick mede hadde ghenomen/ al-te-samen op dien abondt vermoozdt; ick thups
komende met mijn dochter/ hebbe seer gheweent/ ghelijck ick billijck oozsaeck
daer toe hadde. Daeghs daer aen zijn eenighe bp mijn ghekomen/ ende ick seer
weenende/ sepde dat ick dat niet en soude doen; ende ick hum bzaeghde of ick
gheen oozsaeck daer toe en hadde: sepde/ dat is even-veel/ ghp moet swijghen/
ofte ghp gaet den selben gangh. O wzeethept! o gruwel der gruwelen! Moor-
ders/ die op de weghen looopen/ nemen dickwils de Menschen haer goedt/ maer
laten noch somtijdts haer bloedt: maer dese hebben bepde ghenomen/ goedt en
de bloedt. Dit is alsoo in 't kozte het vooznaemste/ alsoo dat mijn Dochter en
ick alle-bepden ginghen. ghelijck als een Os voozde Bijl: ick sepde alle abon-
 den teghens mijn Dochter/ mozghen bzoegh kondt ghp niet mijn sien/ of ick
vermoozdt ben. Veele dinghen die tusschen bepde zijn gheschiet stae ick voozbp/
als dat mijn Kinderen seer sober ghetracteert wierden/ dat sp bp maer van hon-
gher ende dozst verginghen/ ick selber at Robbe vellen: en tot mijn Water dat
ick tot rantsoen hadde/ dede ick wat zout water bp/ om dat het wat strecken
soude; het ghebedt ende het predicken verboden sp mijn; ick gingh meest aen de
straut sitten lesen/ ende pluckte al-te-met Was Salaet ofte wat Gras dat daer
was/ ende dan had ick noch Olp noch Azijn/ twee maenden lang of langer gheen
Bzoodt ofte Rijs ghepzoeft: ben oock soo swack ghewozst/ dat ick niet en kon-
de staen; ick most de Schuptkens/ daer sp mede voeren/ helpen open af setten;
het was alle daghen/ wat moghen wp met den Man doen? den eenen die wil
de mijn kappen/ den anderen bergheven/ dat soude watsoeter doodt zijn; den
derden sepde/ laet hem noch wat leven/ wp mighen hem gebzupcken om het
volck die op het ander Landt zijn/ bp ons te doen komen/ dat waren de vijftigh
die daer bp een waren/ die het Water hadden ghevonden/ want daer waren sp
van vervaert/ die en konden sp niet vermeesteren/ want sp dachten/ soo daer een
Jacht komt om te verlossen/ soo sullen sp ons in de weghe zijn/ ghelijck oock daer
naer gheschiet is/ soo ghp noch sult hooren. Ondertusschen de saeck van mijn
Dochter

Dochter Judick, daer van ick te booren wat hebbe beginnen te spreecken / heeft hem aldus toeghedraghen: Eenen Coenraet van Huyssen upt Gelderlandt / anders een fraep Jonck Edelman / mede zijnde van den Raedt van dese Moorders ghewozden / versocht mijn Dochter ten Houwelijck: Maer hp sepde haer ondertrouw te doen / maer wettigh te Trouwen voor al de Weerelt / dat soude hp doen bp de eerste ghelegentheydt / daer over vielen veele woozden / te lang te verhalen; want Judick ende ick hadden het samen overlepdt / dat in sulcken tijdt noch beter was bp ken Man wettigh te houden / dan misbzupckt te werden / ghelijck aen andere Vrouwen gheschieden. Derhalven / hp dede haer ondertrouw / ende alle het ghene dat daer toe behoozden / ick versocht met Judick dat daeghs daer aen de bp-wooninge soude gheschieden / d'welck oock eenighssins van Huyssen toe-stondt: maer de andere Moozdenaers komende voor de Tent / sepde dat het van dien avondt / en terstont soude gheschieden / ofte sp stonden vaerdig tot onsen verderve / ende alsoo is 't heel dien avondt toe-ghegaen; sp is wel bp hem gheweest / in dat regart / dat sp niet en is misbzupckt ghewozden / ghelijck sp teghens mijn sepde; wat kondt ghp daer teghens doen? Nu is dit / meenden sp / haer gheluck / dat van Huyssen haer soo wel ghesint heeft: alsoo heeft mijn Dochter ontrent vijf weecken bp van Huyssen gheweest / die haer seer wel heeft beschermt / dat haer anders gheen onhepl en is aengheдaen / als bp hem te blijven / daer over de andere Vrouwen seer jaloers waren / meenende dat haer te veel eer gheschieden / ondertusschen vergingh ick haest van onghemack: mijn Dochter ende ick en konden malkanderen naeuwlijcks eens secretelijck spreecken: van Huyssen en spzack mp naeuwlijcks eens aen: mijn Dochter en ick waren somtijdts een quartier uurs ofte soo bp malkanderen / dat ick haer sepde / gelijck booren verhaelt is / wat sp soude doen als sp mp 's mozghens soude bermoozde vinden / ende dat hp ons alsoo tot Godt beroeden. Dit aldus zijnde en de Menschen bermoozdt / soo langhe / tot datter seer wepnigh / ontrent dertig met mp / mede noch oberigh zijnde / soo en wisten sp gheen raedt met dat volck die op het Landt / bp het Water waren / te weten / ontrent bijftigh / daer boor heenen af is gespzoken: Soo / om kozt te zijn / sp resolbeerden om met Schuptkens daer naer toe te gaen / om door soete woozden en schoone belosten haer in 't net te bzenghen / ofte anders met ghewelt haer te vermeesteren / 't welck is gheschiet; ick bep mede als Soldaet ghegaen / hoopende / soo ick tegen mijn Dochter sepde / nu bp die lieden te komen. daer komende op een Eplandt tegen haer over / soo waren de ander terstondt bp malkanderen / ende bespotten haer / seggende: is 't nu soo verre ghekomen / dat dien goeden Man / den Predicant / moet mede komen? doen inde Schuptkens daer ober schepende: soo / onse Koopman die boodt haer de Vzede / doch maer onder bedzogh: de ander sepden / sp hadden met haer Vzede niet te doen / want sp wisten wel dat sp haer sochten te bedzieghen; en daer waren twee van de Moozdenaers / die elck een Musquet hadden / ende die souden naer het volck schieten / ende sp en wilden niet af / doen spotten de andere met haer / doen begonnen sp in bziendelijckhepdt met malkanderen te spzeecken; de Moozders die hadden het op het Papier ghestelt / sp bzaeghden of ick wel bp de andere partije wilde gaen? ick sepde jae; want het was dat ick sochte; want alsoo konde ick sonder moepten tot mijn voornemen geraken doen gingh ick ober en weer / ende de goeden die sepden mp daer te behouden tot den andern dagh: maer dan sepden de booswichten dat sp mijn mosten weer leveren; dat glinck heenen; maer ick hadde haer ghezepdt / dat sp souden seggen /

gen/ dat ick bp haer nu oock een Maendt ofte twee moste blijben/ dat ick ha-
ren Predicant mede was/ 't welck sp deden. Daeghs daer na soude den Koop-
man weder komen/ om het volck dat daer was/ daer het Water was/ om wat
stof tot kleeren te brenghen/ ende dan met malkander naerder spreecken om
Vrede te maecken/ ter tijdt voorschreben/ namelijck/ den anderen dagh is den
Koopman/ met van Huyssen, Zeevanck, ende noch drie andere ghekomen/ heb-
ben wat Laecken ghebrocht/ wat wijn/ ende soo voorts. De andere Moorde-
naers/ met eenighe goeden/ als mede de Vrouwen/ die bleben op het Eplandt
daer teghens ober. Het goedt van den Koopman omghedeelt/ ende den Wijn
uptgheschoncken zijnde/ soo hebben die ban de Moorders zijde beginnen met de
goede te spreecken; sp ginghen soo wat wandelen/ en begonnen soo hier en daer
ban de goede Soldaten aen te spreecken: segghende/ dat sp haer veele toe ver-
trouwden/ ende dat sp wel wenschten dat de voornaemste van haer naer de
Moorders wilden luysteren/ dat sp groot voordeel voor haer wisten/ presente-
rende haer gheldt. De goede de saeck verstaende/ ende merckende waer toe dit
streckte/ hebben malkanderen/ dewijle dat dit de voornaemste ban den Raedt
waren/ ghelofte ghegheven die te banghen ende doodt te slaen/ 't welck is ghe-
schiedt: bier ghedoodt/ een ontloopen/ ende den Koopman ghebanghen. Dit
soo zijnde/ ben ick daer bp de goeden gheweest/ en ghebleben/ die hebben mijn
ban kost versorght/ ende mp beginnen weder wat op de been te helpen: en daer
was Water als Soete-melck in putten; sp maeckten mp twee klompen daer
ick op gingh/ die ick sal bewaren soo langhe mijn Godt het leben gunt; want bp
de Moorders en konde ick niet krijghen/ dewijle ick stont om ghedoodt te wer-
den alle uren; en dat van Huyssen, mijn dochters Vrijer/ nu mede waer ghe-
boodt/ soo was ick weberom in groot ghebaer/ sorgende dat mijn Dochter sou-
de werden gheschendt ofte ghekapt bp de Moorders: teneer/ dewijle dat de
goede riepen/ doen sp die hadden ghedoot/ de bier voor-verhaelde/ komt ober/
dat gheen Moordenaers en zijn: en riepen/ Judick komt bp u Vader; want
een van haer sepde teghens Judick, dat ghp ghedachten had om bp u Vader te
gaen/ wp souden u aen epnden kappen: en sepde/ u Vader die heeft dat soo be-
stelt/ dat het volck daer soo is doodt-gheslaghen: maer mijn Dochter is voor-
der van Godt bewaert/ dat naer dien tijdt niets quaedts haer en is obergeko-
men. Ondertusschen/ door de doodt ende ghebangenisse ban de voorsepde per-
soonen/ was de kracht van de Moorders bp wat ghewackt/ doen togen sp we-
derom naer haer Eplandt/ met de Vrouwen die bp haer waren. Den tijt sou-
de mijn ontbreecken/ soude ick alles verhalen/ hoe wonderlijck Godt den goe-
den/ die bp malkanderen waren heeft ghezeghent/ met Water/ met ghevoghe-
te/ met Visch/ met andere Beesten/ met Epers met manden bol/ zijnde de Bee-
sten die sp Katten noemden/ ban sulcken leckeren smaeck als ick opt hebbe ghe-
proeft. Haer gheweer en piecken die sp daer hadden ghemaeckt/ men soude seg-
ghen hoe konnen de Menschen dat bedencken? Sp deden mp oock soo veel
vriendtschap/ kusten mp/ ende souden mijn wel op haer handen hebben ghedra-
ghen. Dit aldus ghepasseert zijnde/ soo hebben de Moordenaers weder andere
Oberhepdt ghemaeckt/ en zijn den 17. September/ 1629. weder bp ons ghe-
komen/ doen had ick een schrift ghemaeckt/ dat sp t'samen souden te vreden
zijn/ ende de goede doch niet meer beschadigen: maer sp hebben dat ghescheurt/
ende zijn naer ons toe ghekomen/ en hebben met haer Musquetten bier Men-
schen ghequetst/ waer van een is ghestorben.; en soo haest als sp weder ban het

Landt

Landt zijn ghewefen/ so is terstond het Jacht van Batavia ghesien/ die quam om ons te verlossen; daer sprongen de vrome van vreughde op; de goede terstond met haer Schuyten nae boordt/ om het Jacht te waerschouwen/ 't welck ghedaen zijnde/ zijn die van het Jacht op haer hoede gheweest; want dit is de oorsaeck van alle dit quaedt gheweest: ghelijck daer naer/ uyt de bekentenisse van de misdaders/ is ghebleecken/ dat sy meenden het Jacht dat ons soude komen verlossen af te loopen/ ende dan varen met de Juweelen en Gheldt daer het hun goet dochte: oock mede/ dat nu boort werdt ondersocht van den Schipper die ghevanghen is/ met anderen/ dat (soo men seyt) een deel van haer/ insonderheydt Jeronymus/ met het Schip Batavia/ soo het niet en was vast gheraeckt/ evenwel soude afgeloopen hebben. Dit tweede wert naerder ondersocht/ te weten/ het afloopen van het Schip: maer van het Jacht/ die soude komen om te verlossen/ dat is seecker; want sy souden het seer wel hebben konnen doen/ hadden die goeden van het hooghe Lande haer niet in de weegh gheweest/ daer van ick soude goede reden gheven/ had ick tijdt. De Moorders zijn een deel aen boordt ghekomen/ meenende dat de saecke noch ten besten soude afloopen; ick ben mede van het ander Landt daer den Koopman ghevanghen sat/ met hem aen boordt ghevaren/ sy zijn alle in hoopen geslooten/ ende wel vast ghemaeckt/ daeghs daer aen zijn sy voor den Commandeur Pelsaert, ende die met hem ghinghen/ de andere Moorders/ die op Batavias Kerck-hof waren/ in hechtenis ghenomen. Den Commandeur met sijnen Raedt haer ghehoort hebbende/ zijn eenighe gheordineert om te hanghen: maer Jeronymus Cornelisz sijn rechter-handt mede af te houwen/ 't welck oock is gheschiet. Maer soo daer oyt een godtloos Mensche in sijn uyterste noodt is bevonden/ soo is hy te recht daer een gheweest; hy en hadde (naer sijn segghen) niet misdaen: jae seyde in 't eynde noch/ soo hy op klom naer de Galghe; Wraeck! Wraeck! alsoo dat hy tot den eynde sines levens een boos ende godtloos Mensche is ghebleven. Godts rechtvaerdigh Oordeel is in hem ghebleecken/ want hy hadde te gruwelijck doen moorden; hy hadde sijn godtlooshed op het Schip dickwils betoont/ met godtloose propoosten: maer ick en wist niet dat hy soo godtloos was/ hen de anderen/ een deel zijn daerop het Schip gestraft/ ende een deel naer Batavia ghevoert. Dit is also in 't grof de gansche saecke/ de welcke/ soo't met alle omstandigheden soude werden verhaelt/ te langhe tijdt soude beslaen/ want soo soude wel een groot Boeck daer mede werden vervult; Soo het in sulcken ordre ende klaerheydt niet en staet/ soo houdt dat ten goede om twee reden: eerst om de kortheydt des tijdts/ dewijle de Schepen vaerdigh waren om naer het Vaderlant te gaen; ten tweeden/ om dat ieuwers my sulcken droefheyde hebbende/ het ghemoet noch vry onstelt is/ want ick en dar soo veel niet te schrijven. Dit dient daer toe/ om de E. Heeren Bewinthebberen te waerschouwen/ hy alle gheleghentheyt/ daerse doch goede/ ghetrouwe/ en Godtsalighe persoonen/ insonderheyt van Kooplieden ende Schippers/ bestellen/ want daer op het hooghste aen is gheleghen. Alle de ontheylen/ vooren verhaelt/ zijn gheschiet tusschen den tijdt van den 4. Juny 1629. tot den 17. September 1629. incluys/ doen ons het Jacht ghekomen om ons te verlossen.

F I N I S.

Tot vermaeck ende nutticheydt dienende, zijn hier achter ghe-
voecht, eenige Discoursen ofte verhalen, den Zeevaert, ende voornementlijck
den Oost-Indien, soo in 't generael als besonder betreffende, te samen ghebracht
uyt verscheyde soo Portugeesche, als andere Oude ende Nieuwe Schrijvers.

DE Portugeesche Schepen die na Oost-Indien varen (de Cabo de bon
Sperances, de welcke is leyt op 35. graden bezuyden de Linie) gepasseert
zijnde, seten haer tour ghemeynlijck na het Eylant van Mossambique,
het welcke ontrent vijf half mijle van het vaste lande leyt, ende een goede
twee half mijle in het omgaen groot is: het stranc is rontsom seer laech sant, bedeckt
daer en tusschen met de Indiaensche Palm ofte Noteboomen, oock sommighe Orang-
jen, Appelen, Wijnstocken, Civoelen, ende Indiaensche Vijghen, hier vint als
Ossen, Schapen, Geyten, Vercken, Hoenderen, etc. in minder by menighten
ende ander gedierte, daer is water en is op het ghe-
nele Eylandt niet: maer moet alle van het vaste landt uyt men. De Portuge-
sen hebben hier een sterck Fort, daer den Koningh van Hispangien alle zijn ja-
ren een Gouverneur ofte Capiteyn toestelt: de welcke met die
vanden lande zijn handel drijft, desen Capiteyn doet groot profijt: want
tusschen de Cabo de bon Sperance ende Mossambique voornoemt leyt noch een
Portugese Bassa, hondert ofte daer den genoemden Capiteyn van Mossambique zijn
factoor heeft, de welcke uyt een seker mijne ghenaemt Monomocapa veel gouts
vergadert, ende twee ofte drij mael des jaers met sekere schuyten, die de Portu-
gesen Pangais heeten, langhs de kusten, na Mossambique over-scheept, sulcks dat
de incomsten van den ghemelden Capiteyn in de ghesede drij jaren meer als
300 duysent ducaten ofte 9 tonnen gouds waerdigh zijn.

Van Mossambique vaert men na de Hooft-stadt van Indien ghenaemt Goa, al-
waer de Viceroys ende Aerdsbisschoppen des Koninghs van Hispangien nef-
fens den Raedt ende Cancellerye haer residentie hebben. Van hier werden al-
le de Orientaelsche plaetsen staende onder de Portugesen gheregeert, ende is
oock de Stapel van alle de Koopmanschappen die door gantsch Indien vallen.
Dese Stadt ende Eylandt van Goa leydt op 15. graden benoorden de Linie, en-
de werdt omringht met een Rivier, die in de stadt loopt ende met verscheyden
werckelijk by de Portugesen ghefortificeert is. Alhier vast overvloedigh veel
Peper en specerijen: Item in de Handel ende Gember. De Inwoonders
haer bloot uytghenomen dat haer schamelheydt bedeckt is. Daer zijn oock
eenighe die men Bragmannes noemt, die voor de eerlijckste ende gheachtste na-
tie van de Indianen worde ghehouden: want sy bedienen altijt de opperste of-
ficien by den Koningh, als Rentmeesterschappen, Ambassaetschappen ende
andere ghequalificeerde ampten, dese gaen in het wit ghekleet, ende eten gheen
levendighe creature, veel min dat sy die dooden souden. De vrouwen heb-
ben maer een doeck om het lijf als sy uyt gaen, die haer bedeckt van boven
het hooft tot beneden de knien, sy hebben ringhen door de neuse, om den hals,
beenen ende heenen, sommighe van goude andere van silver, glas ende an-
dersins, elck na sijn qualiteyt: als de Oysters seven ende de Jongh-
mans neghen jaren oudt zijn van trouwen sy, maer spoecken malkande-

ren niet eerder tot boo2 dat de b2ouwe haer tijdt komt om te haren. Als een Bra-
mannes sterft soo vergaderen alle de b2ienden / ende nae gehouden maeltijdt / soo
graben sp een put in de aerde / daer sp veel hout / ende nae dat het een persoon ban
aensien is / welriechende h2upden met beel olpe in smijten / daer sp dan den doo-
den Bramannes boben op werpen. Daer nae komt sijn b2ouwe berghefelschapt
met beele speellupden ende haer naeste b2ienden / al singhende eenighe liedekens
ofte lof-sanghen ban haer mans leben / ende de b2ienden gheben haer eenen moet
ende bersterckinghe / dat sp haren man ghetrouwelijck wil bolgen / ende met hem
gaen leben in de andere werelde / dit ghedaen zijnde / soo doet sp hare juweelen af
ende berdeeltse onder haer maegschap / ende springt al lacchende ende blijdelijck in
het bper / ende wert terstont ban de omstaenders met hout ende olpe berstopt en-
de bersmoo2t / ende boo2ts met het lichaem ban haren man tot assche berb2and /
ende of het ghebeurde dat pemandt wepgherigh ware dit te doen / soo snijmen
die het hap2 kael af / ende sp en mach boo2taen gheen juweelen meer d2aghen /
maer moet als berschoben ende beracht ban alle menschen leben. Onder de groo-
te Heeren isser een ghewoonte / dat wanneer sp trouwen sullen / haer B2upden aen
haren Obersten leberen / hem biddende de selbe den maeghdom te willen nemen
ende d2p nachten bp haer slapen / het welehe gheschiet zijnde / soo komt den B2up-
degom ende haelt sijn B2upt met pijpen ende trommelen in grooter blijdtschap
wederom / ende geb2upcht dan eerst de selbe / sulcr dat niemant in dese quartieren
sijn ondertroude selfs den maeghdom beneemt. Op sommighe plaetsen laten sp
de maeghden ban haer maeghdom berooben doo2 haer Pagoden / dat zijn haer
Afgoden / die ban goud ofte andere materialen ghemaecht zijn : aldus / sp b2en-
gen de B2updt met grooten triumph / ende gefelschap ban Instrumenten ende
Musique op haer manier na de herch / ofte plaetse daer de Pagode is / dewelche
een pen ban pboo2 heeft / daer de naeste b2ienden de B2upt met gewelt tegens aen
d2inghen / ende haer maeghdom benemen / soo dat het bloedt aen den Af-godt
tot een hentecken blijft hanghen / daer nae hare superstitien met den Af-godt
bolhart hebbende / b2enghen sp de B2upd na hups bp den B2updegom / die sich
grootelijchs daer in berblijd / ende boo2 hem gheen klepne eere aen hem gheschiet
achtet / dat de Pagode om sijnent wille sulcks ghedaen / ende hem de moepte af-
ghenomen heeft.

In Goa wast een boom die de Po2tugesen Arbor Triste noemen / ende dat upt
oo2saeh datse nimmermeer en bloept dan 's nachts / ende dat het geheele jaer doo2 /
het is boo2waer een wonder om te sien / want als de Son onder gaet / en siet men
noch niet een bloepsel / ende terstont ofte een half ure daer nae is sp soo bol / dat
het een lust om sien is: dese bloepsel heeft een schoonen reuch / maer blijft niet
langher als tot de Son begint op te homen aen de boomen / want dan baltse af
ende bedecht het gantsche aertrijch / daer onder ghelegen. Desen boom heeft on-
trent de groote ban een P2upm-boom / ende staet ghemepnelijch achter de hup-
sen op de plaetsen boo2 een plapsier / om de schoone reucr wille / sp wast seer haest /
want beel oorh bp de wo2tel upt-schiet / ende al zijn de tacken maer een half ba-
dem hoogh / soo hebben sp even-wel soo beel bloepsel als die in het beste ban den
boom staen / ende of men de boom selfs al gantsch af hout / soo schieten datelijch
wed_r tacken upt die bloepsel d2agen : dese bloepselen zijn bp nae gelijch de bloep-
sels ban de O2angie boomen : de Indianen gheb2upckense boo2 Saffraen om
mede te koocken / ende te berwen: de ghemelde boom die nerghens anders als in
Goa ende Malacca ghebonden werdt / heet in de Malaysche tael Singady , ende op

't Decañijs Parasiatico: De oorsaeck van dese naem segghen de Indianen te wesen/ om dat een seecker Edel-man ghenaemt Parasiatico, een schoone dochter hadde/ waer op de soon verliest wert/ ende sijn wil van de selve ghenoten hebbende/ verliefde wederom op een ander/ waerom hp haer verliet/ dierhalven sp van desperaetheydt haer selven om het leven bracht/ ende worden nae de maniere van het landt tot assche verbrandt/ upt welcke assche desen boom voort-ghekomen is/ behoudende de naem van Parasiatico, ende kan daerom des daeghs gheen bruchten draghen/ om dat sp de soon noch had die haer ghesoent ende verlaten hadde.

Men bint in Goa ook seer groote boomen/daer noten aen wassen/de welke ook wijn/edick olpe/supcher/ water ende melck geben. Van de bladeren maeckt men papier/ van het hout kolen voor de goud-smeden/van de basten kabels tot de schepen/ de welcke so sterck zijn/ als eenige touwen upt Nederlant ; van de bladeren zeplen om mede te baren/ so dat eene boom tot veele dingen nut ende profptigh is.

Het Eplandt Seylon leggende beneden Goa,is een van de rijckste/ bruchtbaerste ende beste Eplanden van gantsch Indien/ want het gheen op verschepden andere plaetsen te samen ghebonden wert/bindmen hier alleen/want daer zijn Indiaensche Palm/Orangien/ Limoenen/ Citroenen/ ende diergelijcke boomen/ soo wel ende schoon/dat sp die van Spangien ende Portugael verre te boven gaen:de lijstocht is daer in grooten abundantie/ want men bindt daer Hasen/ Konijnen/ Varckens/Harten/ Hinden/ ende andere viervoetige ghedierten in overbloet/het ghevogelte isser oock soo menighvuldigh als erghens op eenighe plaetsen; want men bindt daer Praeuwen/Hoenderen/Dupven ende diergelijcke vogelen meer/ sommighe segghen dat daer oock Naghel-boomen/ Notemuschaten ende Peper wast/ doch daer en is geen seeckerheydt van: maer den besten Kaneel van geheel Orienten isser bp heele bosschen vol/sulcx/dat wanneer het afgewindicht is/ den reuck wel acht mijlen in Zee de Schepen teghen komt.Men bindt hier oock alderhande kostelijcke ghesteenten/ uptghenomen Diamanten : maer Saffiren/ Robijnen / Topassen/ Spinelen/ Granaden zijnder seer veel/ daer is oock een visscherije van Peerlen; doch sp en zijn soo goedt niet als die van Ormus ofte Bareyn.Goud ende Silber-mijnen zijnder oock in het lant/doch de Koningen eertijts en wilden het niet laten upttrecken/misschien om dat men haer daerom niet en soude overballen.Daer zijn oock Pser ende Swabel-mijnen/ende Olpphanten in grooten overbloedt/die men voor de beste van de gantsche wereldt houd/het is oock bp expertentie waerachtig bevonden/dat alle Olpphanten van andere plaetsen aen dese reberentie ende eerbiedinge bewijsen/ wanneer sp daer bp komen.De Chingales ofte die van Seylon bangense op volgende wijse; sp maken diepe groote kuplen/die sp met loose plancken ende stroo bedecken/ende wanneer de Olpphanten des nachts daer omtrent komen ballen sp daer in/ende konnen niet weder op de effen weg komen/sulcx dat sp van honger souden moeten vergaen/ten ware eenige Slaven haer eten brachten ende soo allenskens tam maeckten/ende soo ghewennen/dat sp epndelijck met haer gaen onder het volck van Goa ende ander bpgelegē landen/om met haer te wercken ende de kost te helpen verdienen/ want de meesten dienst die men in Indien heeft van de pijpen/baeten/packen ende andere goederen te dragen is al met den Olpphant/men bint hem het geene hp sal dragen aen malkanderen met een koorde/die hp daer na aen sijn snupt ende tanden wint/ ende vast gemaeckt zijnde/neemt het epnde in de mont/ende gaet met den last heenen/ het geschut slepen sp/ende de klepne halve Gallepen ofte Karabellen schupft een Olpphant alleen ghemackelijck op het lant. De winter begint hier in Majo/

ende

Wan Goa vaert jaerlijck maer een Schip na Japon, het welck eerſt na China
ʒeplt / ende aldaer met Realen van achten / Olye ende Wijn handelt / die ſy voor
Goud / Sijde / ende andere koſtelijckheden verwiſſelen. Deſe Koopmanſchappen
bʒengen ſy dan in Japon, alwaer men overbloedt van gelt heeft / het welcke ſy we=
derom in verwiſſelinge van de Chineeſſche Koopmanſchappen mede nemen en=
de na Goa voeren : want ſy moeten in alle de voornoemde plaetſen wel ſes maen=
den vertoeben ; waer over ſy op de gheheele reyſe wel dʒy jaren onder weghe ʒijn.
Wan Goa voornoemt gaen oock alle jaren Schepen nae de Cabo de bona Sperance,
ende van daer na Liſbona toe / in Hiſpangien.

De Japoneſen ofte Inwoonders van Japon ʒijn oock ſeer goedaerdig / ſy bid=
den oock de Afgoden aen / gelijck de Chineſen / ende hebben oock beelden in hare
kercken : maer in de ſtadt van Mageſacque ende meer andere plaetſen die de Por=
tugeſen in hebben / ʒijn Jeſuijten / de welcke daer eertijdts upt-gejaeght ʒijn ghe=
weeſt / om dat ſy haer mede tot de koophandel begaben. Het Eylandt van Japon
is wel ſoo groot als Enghelandt / ende is het upterſte daer die van Goa traffi=
queren / het volck is grof ende vet / bʒeet van aengeſicht ende meeſtendeel wit ; doch
eenige ʒijn van naturen ſwart / het welcke vreemt is om te aenſchouwen.

Die van Goa varen oock nae Perſien ende Ormus, het welcke een Eylant is leg=
ghende dicht by het vaſte landt van Perſien, want het gheen twee mijlen daer van
verſchepden is ; groot ontrent dʒy kleyne mijlen / ende aldaer werden alle koop=
manſchappen van het vaſte Landt ghebʒacht / als daer ʒijn Peerden / Da=
delen / Amandelen / Roſijnen / Sijde / Peerlen / Katoenen ende andere waren / die
de Schepen aldaer verwachten ende met de ſelve haren handel dʒijven.

Het is alhier door de reſſerie van de bergen ſo heet / dat het volck op de middag
begeerende te eten / tot de knyen toe in een vat met water ſitten / hebbende alle
de kleederen uptghenomen / het hembde uptghetrocken / achter haer ſtaet oock
een knecht met een waper om haer te verkoelen. Het verſſche water / dat by haer
meeſt gheacht woʒdt / moet van de duyckers ontrent ſes bademen diep onder wa=
ter gheput werden / want ſy ghelooven / dat ſulck water alle verſſche wateren
te boben gaet. Het verſch water in dit landt genereert woʒmen in de armen ende
beenen / ſoo dick als een lupt-ſnare / ende een halbe baem langh / die ſy met ſtoʒc=
kens upt-winden / doch moet ſulcr voorſichtelijck gheſchieden / dat ſy niet en
bʒeecken / maer als ſy niet volghen willen / moet men op houden ende het ſtoʒcken
op de plaetſe vaſt binden / ende altemet eens verſoecken of ſy volghen willen / ende
ſo allenſkens uptdʒapen / tot dat menſe quijt is.

Beſchrijvinghe van alle de waren ende Koopmanſchappen, diemen in Indien brenght uyt verſcheyden Landen ende Eylanden, ende van daer weder in Portugael ende gantſch Europa.

Ooſt-Indien is een goet landt voor die gheene / die eenighe middelen hebben /
ende daer by kloeck ende neerſtig ʒijn ; de grondt ende teimperature is ghe=
ſondt ende bequaem : de daghen ende nachten ʒijn in Goa by nae even langh het
gantſche jaer door / ſulcks dat ſy weynigh verſchillen / want de Son gaet mee=
ſten tijt te ſes uren op ende onder. Daer is oock by nae geen onderſchept tuſſchen
de winter ende de Somer / alleenlijck dat het des winters meer reghent. De
winter begint in Apʒil / ende eyndight in September. De Revieren ʒijn de gant=
ſche winter door met ſandt beſloten / ſulcr / dat ſy dan onbʒupckelijck ʒijn / ende

gheen

gheen Schip ofte schuptgen in kan komen: maer in de somer gaen sy wederom
open. De gantsche winter door waept daer maer een wind/die niet en verandert.
De boomen zijn winter ende somer groen/ ende men heeft het geheele jaer door
bzuchten. Aldaer kanmen sien de twee Sterren die by yeder poel ghevoeght zijn/
waer na de Piloten haer regeeren in het varen/dit is de noord ende de zupd-poel.
De Son maeckt hier gheen schaduwe op de middagh ghelijck in andere landen.
Men bind hier allerley soozten van dieren ende vogelen. De Papegayen zijnder
in groote menighte: item Apen/ Cygers/ Elephanten ende Eenhoorens met
veel meer andere ghedierten. De Peper wast in Goa gelijck ghesepdt is 't/al aen
strupcrkens/ ende is van tweederley koleur wit ende swart; doch de witte werdt
soo veel niet gheacht als de swarte/daer is noch een andere soozte van Peper/ die
de Inwoonders voor haer selven houden ende meerder ge-estimeert werd als
een van de twee voorighe soozten. De Gember wast door gheheel Indien/ ende
daerom is sy in kleynachtinghe ende vanweynigh waerde. Sy wast ghelijck het
riet in Hollandt/ maer de woztel is de Gember/ noch groen zijnde eetmense wel
tot Salade.

De Naghelen komen van de Molucces, ofte de bijf principaelste Eplanden der
selve/ want onder de Molucces ghehooren behalven de selve noch veel kleyne Ey-
landekens. De Molucces werd een groot Koninghrijck geacht/het lepdt recht
onder de Linie Equinoctiael. De navigatie nae de Molucces is soo ghemeyn
niet/ om de periculeuse gronden/ die daer omtrent zijn. De boomen daer de na-
ghelen aen wassen/zijn ghelijck de Laurier-boomen hier te lande.

De Notemuschaten ende Foelie komen van Malacca, dat omtrent 400. mijlen
boben Indien lepdt: dese boomen wassen soo groot ende hoogh als Ockernote-
boomen/ de bzucht is ghelijck een Persick/ het buytenste is seer goed om te eten/
men maeckt daer van oock confeturen:de kerne van binnen is de Notemuschate/
die rondsom met de Foelie besloten is.

De Kaneel komt van het Eplant van Seylon,hier te booren genaemt/het welck
oock Taprebina heet/ende 6. ost 7. graden van den Equinoctiael lepdt. Dit Ey-
landt is uptermaten bzuchtbaer/sulcks dat het boor een Aerts Paradijs ghe-
houden werdt: het lepdt ontrent 200. mijlen van Goa. De Kaneel-boomen zijn
soo groot als Olyf-boomen; sy hebben twee schillen/ waer van de tweede de Ka-
neel is/ men bzandt daer anders gheen hout als Kaneel/ sulcks dan dit Eplandt
een Aerts Paradijs schijnt te wesen. Olpphanten vintmen hier veel/ ende van
de grootste ende beste soozte/ sulcks dat hier veel pboor ende oock kostelijcke ghe-
steenten ghebonden wozden als booren ghesepdt is.

Dan Mossambique komt Amber,men bint die aen den Oeber van de Zee/welcke
die vp werpt. De Muscus komt van China, want daer zijn seeckere beesten als
Bossen/die de Chinesen dooden ende berrotten laten met hupt/hapz/bleesch/ende
alles/daer na maken sy van de hupt beurskens/ maer het bleesch heeft de Muscus.

Anil is een krupt/op de velden wassende/het welcke blaeuwe bloemkens heeft/
dese ghedzooght zijnde/ gheven het Anil ofte Blaeusel. Het Lack komt van Pegu
ende Bengale, dat ontrent dzp hondert Spaensche mijlen van Indien lepdt/ al-hier
zijn blieghen/ die aen de tacken van de boomen groepen/ ende ghelijck als de
Byen honigh gheven.

De Peerels komen van Ormus, Seylon ende andere contrepen/ende werden van
dupckers twintigh ja dertigh bademen onder het water dupckende gDebist/ sy
groepen in de oesters ende mosselen.

De

De Diamanten haeltmen van het Eplandt ghenaemt Buſinger, legghende aen de ooſt-zijde van Goa, aen de andere zijden ſtreckenſe aen de berghen/ ende men bindtſe daer als gout-mijnen.

De Smaragden komen van Spaenſch-Indien voozt: de Robijnen/Grenaten/Hyacinten/Jaſpis/Agate/ende dierghelijcke ſteenen bindtmen by nae op alle de Indiſche Eplanden: wat van de Arbor Triſte ende Palmites ofte Cocos-boomen daer wijn/edick/olye/ſupcker/kabels/zeylen/&c. van komen/hebben wy beſchzeven.

In Indien zijn meer dan veertigh natien/ haer eyghen wetten hebbende/ſy gaen meeſt gantſch naeckt/ uyt-ghenomen dat de ſchamelheydt bedeckt is. De mannen hebben op veele plaetſen thien ofte twaelf wijven/ die ſy trouwen als ſy ſelfs 12.ende de vzouwen 7. ofte 8. jaren oud zijn. Als de man ſterft moet ſich de vzouw/wil ſy vooz eerlijck ghehouden werden verbzanden; het geene ſy des mozghens eerſt ghemoeten/dat bidden ſy die gantſchen dagh aen/ende ſoo voozts als vooren verhaelt is/ waer mede wy dit diſcours beſluyten.

Inſtructie om te reyſen van Hollandt in Indien, ende van Indien wederom in Hollandt, ende dat te Landt ende te Water.

Erſtelijck vaertmen uyt Holland/Engeland ofte Vranckrijck/ dooz de enghte van Gibraltar, ofte te lant nae Venetien, ende van daer nae Tripoli in Syrien, alwaer grooten handel met allerley waren gedzeven wozdt/waerom ſoo yemant deſe reyſe nae Indien wilde aen-nemen/ die moeſte maken in een van de Schepen die van Marſelle, Venetien, ofte ten eerſten uyt Holland/ Engeland ofte Vranckrijck/ dooz de Strate van Gibraltar liep nae Tripoli booznoemt/ van waer men over landt nae Ormus, een Stadt gheleghen op den inham van de Perſiſche zee verreyſt; men treckt oock van Tripoli nae Aleppe, alwaer de Factooz van Indien/Turckyen/Italien/Vranckrijck/ Engelant/ ende Nederlandt ſich onthouden ende jaerlijcks na Indien reyſen/aldus gaen ſy met een goet convoy ende hare koopmanſchappen geladen op Cemmels nae Babylon, van daer nae Balſara, een Stadt in Perſien, ende van daer nae Ormus booznoemt/ van wiens gheleghentheydt ende groote wy hier ſchzijven ſullen: binnen Ormus werdt een grooten handel van de Turcken/Indianen/Perſianen/Nederlanders/Enghelſchen ende andere natien/ met Zijde/Peerlen/Vzooghen/ ende andere koſtelijcke waren ghedzeven. Van Ormus reyſtmen over Zee nae Goa, Java, Japon, China, Malacca,de Molucces ende andere Eplanden in Ooſt-Indien. Goa leyd van Ormus omtrent 300. Spaenſche mijlen/ maer van Hollandt ofte Zeelandt/ ſoo te water als te lande by de 2000. der ſelve mijlen.

Voyage van Portugael nae Ooſt-Indien, ende van daer nae China, Japon, ende meer andere vreemde Eylanden.

Alſoo deſe onſe beſchzijvinghe hier voozgheſtelt/ niet alleen dienſtigh zijn vooz de Schippers ende Stuer-luyden/ die over Zee nae Indien ende de ghemelde Eplanden reyſen/ maer oock tot nut ende onderwijs van de Koop-luyden/ende abonturiers by ons zijn gheſtelt: So is 't dat wy/ verhaelt hebbende de maniere om te water ende te lande in Indien te reyſen/ nu oock koztelijck ſullen aenwijſen hoe men uyt Poztugael ende andere landen/ van den ruymen Oceaen ſal konnen nae Indien bequamelijck reyſen. Vooz eerſt dan ſtaet te weten/ dat als daer in Apzil van Liſſebon in Spaengien eenighe Schepen nae Indien baeren die hem derwaerts aen met de ſelve ſoude willen begheven/ teghens die tijdt al-

daer

daer moest maecken vaerdigh te wesen. De Schepen upt de haven van Lissebon geloopen zijnde/ setten haren cours soo de wint sulcx maer eenigsins toe laet/ na de Canarische Eplanden/de welcke gelegen zijn op 28. graden benoorden de Linie/ ende van Lissebon voornoemt ontrent zupd Z. Oost 210. mijlen. Van daer loopen sy voorts met zupd Z. O. ende zupd-oost ten Zupden cours tot aen de Eplanden van Boavita ofte de Soute Eylanden, leggende van de Canarische Eylanden verschepden 320. mijlen. Van de Soute Eylanden vaertmen na de Cabo de bona Sperance Z. West/ ende zupd-west ten zupden/ dese Caep is van de gemelde Eplanden 1300. spaensche mijlen verschepden/ de Cabo de bona Sperance lept van de Linie Equinoctiael 35. graden. In het zeplen van de Soute Eylanden na de gemelde Cabo houden de schepen de kuste van Cabo Verde ende Guinea , varende dwers door den Equinoctiael/latende de kuste van Brasil aen de rechter enGuinea aen de slincker-zpde. De zee is daer ontrent 400. mijlen breed/sy zeplen oock verby S. Helena ende andere Eplanden 1300. mijlen weegs.

De Caep gepasseert zijnde so nemen sy haren cours Noort-west/ende Noort-west ten Westen tot Mossambique, alwaer sy haer verversschen/van alles dat sy gebreck hebben. Mossambique lept van de Cabo de bona Sperance 500. mijlen.

Van Mossambique loopen sy noord-west aen na Goa, dat daer 815. mijlen van daen is: op dese repse laetmen verschepden Eplanden in zee aen de rechter-hant leggen/ aen de slincker-hant de kuste van Melinde, men vaert oock Ormus ende de Perssische zee verby. In Goa is alle de toe-voer/ en de schepen van Portugael en repsen niet verder: maer de schepen van Goa, Calicut , ende gantsch Indien zeplen na Zeylon, Malacca, Molucces, Iava, Japon, China ende andere Eplanden/brengende allerlep koopmanschappen van daer naGoa in Indien.Goa lept van Equinoctiael 15.graden 45.minuten/de voornoemde Eplanden als oock Bengala ende andere/ zijn so overbloedig van allerlep kostelijckheden/dat het een wonder is:tot Bengala kan peder een vrp handelen/want de Portugesen aldaer geen stercten noch Fortressen in haer besittinge tot noch toe hebben.

Voyage van Indien nae China, ende andere Eylanden daer ontrent ghelegen.

OM voorder beschrijvinge der courssen ende ghelegentheden van de Indische Eplanden boven Goa gelegen / tot onderrechtinge van de leergierige te geven/soo staet te weten/ dat de Indische Schepen van Goa afvarende/ haer cours Zupd-West ende Zupd Zupd-west de strant langs loopende/na het Eplant Zeylon oopen/ dat stijf 200. mijlen van daer is / latende alle de andere Indische Eplanden aen stuer-boort legghen.

Zeylon lept tusschen de 6.ende 7.graden aen dese zpde van de linie equinoctiael.
Van Zeylon na Malacca is de cours west ten zupden 340. Spaensche mijlen.
In dese vaert zepltmen langs Bengala enPegu,de welcke op een hoogte legген.
Malacca is in de breete 8. ofte 10. ende in de lengte 30. mijlen.
Het Eplant Sumatra blijft aen de rechter ende Malacca aen de slincker-zpde.
Van Malacca na China, is de cours eerst west noort-west/ende daer na noort ende noorden ten westen 380. Spaensche mijlen.
China lept aen dese zpde van de Equinoctiael / 18. of 19. graden en Malacca 2½.
Van China na Japon, het welcke een seer groot ende vermaert Eplant is/ is de cours eerst west noort-west/ende daer na noort-west 400 mijlen.
Dit is het uterste eynd daer de Schepen van Goa varen. Japon lept op 32.

graden/

graben / aen dees zyde ban de Equinoctiael.

Op dese bopagie zeplemen berby beele Eplanden ende dzoogten / men laet de Molucces aen stuer-boozt / en de gantsche kuste ban China aen bag-boozt / ende als dan komt men in de zupd zee ofte Mar del zur, die tegens het Fretum Magallanicum ofte de Straet ban Magallanes ende la Maire aen-loopt / ende streckt na het noozden / N.N. Oosten / ende N. Oosten ban Japon na Nova Zembla ofte de Waygats in Russien, sulcr datmen daer eben-wel kozter wegh soude ban het Waygat, dan ban Goa na Japon konnen baren.

De meeste Geographi ofte Werelt-beschzybers / berhalen ban een groote Stat ontrent 300. mylen na het noozden ban Japon, staende onder den grooten Cham ban Tartarien; doch die ban China, Japon ende Indien weten niets ban de selbe / sulcr dat men twyffelt of de selbe bergaen is / ofte een andere naem heeft.

De Bice-Rops ban de Koningen ban Hispangien binnen Goa, willende eenige Capiteynen ofte Schippers die sich wel gequeten hebben in haer bedieninge / so boor den Koning als boor hem / so consenteren sp de selbe te baren na Japon en de China, want een Capiteyn / Schipper ofte Piloot / die dese bopagie eens ghedaen heeft / kan soo beel prospereren / dat hp syn leben genoech berrijckt is / waer upt men lichtelijck kan beslupten / wat rijckdom upt China ende Japon te halen is.

Dit boornoemde Japon kan beel kozter bezeplt wozden / door de engte ban Warhuys achter Noozwege / als ban Goa gelijck wp gesept hebbe / als maer het ps in de Waygats niet in de wege waer; doch sulcr tot noch toe te bergeefs onderwonden.

Indien pemandt doch wederom dese repse wilde aennemen / moeste in Majot zepl gaen / ende in Augusto des bolgenden jaers wederomme / op datmen alsoo het middel ban de Somer treffen mochte / wanneer men aen de Waygats quam.

Tusschen Japon ende de Waygats legghen de landen ban Cathay ofte Cathao. die machtig en rijck zijn / staende onder de regeeringe ende het gebiet ban den grooté Cham ban Tartarien, de grootste Stad wert genaemt Quinzay, ban wtens groote ende wonderlijck gebouw / beel bp de Werelt-schzybers te lesen is. Na het noozdé lepd oock een Stat genaemt Brema op den Geber ban de zee / daer leggen oock eenige Eplanden in de zee / op de hoogte ban 47. ofte 48. graden / na het zupden ban den hoeck ban Siangamon ofte Siangron. Aen het N. Oosten is oock een Stat genaemt Castagara: alwaer het geloobelijck is datmen grooten handel doet / alsoo sp wel gelegen is ende bequame Ribieren heeft / die in de landen loopen. Alle de gemelde landen moeten haer waren ende koopmanschappen in China bzengen / dat daer 700. mylen ban daen is.

Ontrent 100. mylen ban de Waygats na het westen / lept het Eplant ban Itazata westwaerts ban het selbe heeftmen een groote Ribiere in het lant / op de selbe lept de Stat Thelet, ontrent 300. mylen lande-waert in; doch eermen soo beer komt moetmen noch al meer Stedckens boozbp / waerom de Russen seggen / dat op die Ribiere meer dan 200. Steden leggen: meer nooztwaerts lept noch een Stat genaemt Taingin, dat met Thelet onder een warm clima lept; doch het lant is meest kout: sommige seggen datmen hier beel Peerlen ende ghesteenten bint / ghelijck blijckt dat in Pitsores soo beel Krpstal is / dat men de selbe in 't water wech werpt / ende gantsch niet en achtet waerdig te wesen.

De waerhept hier ban blijckt upt het bolck ban Olivier Brumel, dat aldaer in 't jaet 84. en 85. geweest is / en met haer dzp proefkens / ofte monsterkens Krpstal mede bzachten / te weten wit / blaeu en graeu / sulcr datmen daer upt genoegsaem kan oozdeelé / dat onse bertellinge waerachtig is / waer mede wp 't dan beslupten.

dd 5   Een

Een Discours ofte breede water-beschrijvinghe, om te toonen den
weg na Cathay op vijf manieren, waer van twee courssen bekent
zijn, de ander dry door gissinge, der welcker wijtte ghy sult kon-
nen weten tot Cathy toe, oock hoe ende op wat cours, ende win-
den van den quadrant, ghy moet varen, om daer te komen; van
gelijcken oock het overblijvende van Oost-Indien.

Gelijck voor eenighe jaren herwaerts by onse tijden questie ofte swarigheydt
geweest is/aengaende de ontdeckinge der plaetsen/waer door men soude va-
ren in Cathaya, China, ende Molucques Eplanden/ oock na andere plaetsen ende
Landen van Oost-Indien. Soo heeft my goet gevonden daer van dit discours
van de ghelegentheyt der wateren in 't schrift te stellen ende aenwijsinge te doen/
hoe men kome kan in Cathaya door 5. wegen/om datter eenige zijn/welcke twijf-
felen ofter een soodanige Lant zijn soude/ andere meynen datter geen weg zy na
dese quartieren.

Derhalven om datter eenige zijn die andere meyninge hebben/so heb ick voor-
genomen haer te toonen den weg om te komen in Cathay op 5. verscheyde manie-
ren/waer van 2. bekent zijn ende 3. door gissinge aengenomen worden.

Waer na ick in 't particulier de courssen gestelt hebbe/ dat is op wat streecken
van de quadrant/ van gelijcken oock de wijtte ende breette/wat getal van plaets/
gelijck ick dat begrepen hebbe door de beste werelt-beschrijbinge/ende also wy ge-
ne water-kaerten hebben/die ons toonen de wijtte ende breette tusschen de gele-
gentheyt der plaetsen ende de rechte streecken/so kan het oock wel zijn/ dat mijne
aenwijsinge niet in alles volmaeckt zy/niet te min/nochtans heb ick in 't blanck
willen stellen na mijn beste vermogen/doch moetmen hier op so niet vertrouwen
als ofter geen mistach in soude zijn/ oock ben ick niet verseeckert/ost daer niet
gantsch gemist zy in de wijtte ende streecken/ maer mijn oogemerck is alleen in
't kort aen te wijsen een bequaeme wegh door dese onderwijsinge/&c.

Voor eerst om te reysen na Cathay is de weg welcke de Portugesen houden/na
Calicut ende d'Eplanden van Molucques, wesende ontrent Cabo de bona sperance,
om daer na dien weg voorders te volvoeren. Maer wesende voor eerst te Lysard
ofte Cabo de Cornual, het upterste eynde van Engelant na 't Oosten om streeck te
houden/ van daer nae de Eplanden van Canarien hebbense 28. en een halve
graden/ in de wijdtte sal u-lieden courssen zijn als Zuyd Zuyd-Oost ontrent
de 500. mijlen.

Aen de rechter-hant is de groote Oceaensche Zee/ ende bag-boort in het eerste
aensien de fransche kuste/daer naer van Spangien ende Portugael / daer na de
Kuste van Barbaryen/ Africa/&c.

Van de Eplanden van Canarien tot Cabo verde in Guinea is de wijdtte 15.
graden / ende de cours is Z. ontrent 270. mijlen ende na de rechter-handt ofte
stuer-boort sult ghy hebben de zee Oceanus/ ende aen bag-boort is de kuste van
Barbarie ende Guinea.

Ende van Cabo verde tot Cabo de Palmas is de wijtte ontrent vier graden en de
cours Z. ten Westen ontrent de 250. mijlen/ aen 't stuer-boort is de zee Ocea-
nus/ ende na bag-boort de kuste van Guinea.

Om van daer u streeck te nemen na Cabo de Bona sperance, wesende het veel
van gantsch Æthiopien meest nae 't zuyden / verlatende de vermelde Kuste van
Palmas,

Palmas, ōm u cours te doen ober de Zee/ ſo ſult ghy hebben Zupd-Weſt ten zup-
den/ ontrent 1060. mijlen/ ende de hoogte ban den Pool Antarcticus ontrent 35.
graden boben den Horiſont/ aen 't ſtuer-boozt ſult ghy hebben Braſilien/America,
ende de groote Rebiere Rio de la Plata, ende aen bag-boozt de Kuſt ban Kaſtilien/
ban Mina in Guinea ende ban Binnie, daer nae de Kuſte ban Æthiopien, &c. Maer
indien ghy de Kuſten ban Guinea ſoud willen houden/ wanneer ghy ſoud willen
ban de Kuſte ban Cabo de Palmas, na het Eplant ban S. Thomas repſen/ als dan
ſal u-lieden cours zijn Weſt ten Zupden/ ontrent 560. mijlen/ het Eplant ban
S. Thomas heeft geene wijtte/ want het lept recht onder de linie/ ende heeft aen
ſtuer-boozt de zee Oceanus en aen 't bag-boozt het kaſteel ban Mina met de kuſte
Binnie: ban het Eplant S. Thomas tot Cabo de bona ſperance, is de cours Zupd ten
Weſten ontrent 750. mijlen/ aen ſtuer-boozt de zee Oceanus/ aen bag-boozt de
kuſten ban Æthiopien.

Daer na verder ban Cabo de bona ſperance tot het groote Eplant ban S. Lau-
rents, na het Ooſten ban dat Eplant/ welcke heeft de wijtte na de Pool Antarcticus
ontrent 28. graden/ ende de cours ban Cabo de bona ſperance is Noozt-weſt ten
Weſten ontrent 550. mijlē/ hebbende aen ſtuer-boozt het onbekende lant/ gelegen
na de Pool Antarcticus ende aen bag-boozt de Kuſten ban Æthiopien, de lengte ban
het Eplant is ontrent 360. mijlen/ ende de berſte weg ban het Eplant lept Weſt
Noozt-Weſt ende O. Z. Ooſt/ zijnde ban het baſte Lant ban Æthiopien gelegen
ontrent 80. ofte 100. mijlen: boben dit achte ick goet/ weſende op den weg/ dat
men aenwijſe den cours ende diſtantie ban de Roode zee/ als oock de cours ende
diſtantie tot Calecut toe/ doch om eerſt de cours te doen ban het Weſt-epnde ban
't groote Eplant ban S. Laurents, welck epnde den Pool Antarcticus hoogheeft 13.
graden ende loopt na het Ooſt-epnde/ gelijck oock na de diepte ban de Roode zee/
is de cours N. W. ontrent 470. mijlen/ ende de wijtte ban de engte ofte Straet is
ontrent 10. graden na den Pool Antarcticus, deſe engte ofte Straet wozt ſeer ber-
ſocht met Koopmanſchappen/ om oozſaecke ban de ſpecerpen die den Turck in
ſijne dominie gebzupckt/ oock een deel ban de Chziſtenhept/ welcke gebzacht zijn
ban de Eplanden ban Molucques ende andere contrapen ban Ooſt-Jndien/ gelijck
Goa, Calecut ende diergelijcke plaetſen/ dooz deſe roode zee ende als dan ober lant
in Ægypten, ban daer wederom geladen in ſchepen/ ghebzacht werden met den
loop ban de Nilus tot Alexandrien, een bermaerde haben in de Middeliantſche zee/
ban waermenſe oberbzenght ober de zee in berſchepden quartieren ban Turc-
kpen ende de Chziſtenhept.

Ban die engte ofte Straet tot aen het epnde ober deſe zijde ban de roode zee in
Ægypten, is den cours meeſt N. O. ende N. N. O./ ontrent 500. mijlen/ als ban
komende inde roode zee ſoo hebt ghy aen ſtuer-boozt de kuſte ban Arabien/ ende
aen bag-boozt de Kuſt ban Æthiopien, daer na ban Ægypten, &c.

Ban gelijcken oock ſo men begeerde te trecken ban het weſt-epnde ban het groo-
te Eplandt ban S. Lauwerents naer de bermaerde Stadt Calecut, in Jndien ſal u
cours zijn N. W. ten weſten/ ontrent 860. mijlen/ de bzeette is 5. graden na het
Noozden/ aen ſtuer-boozt is de zee Oceanus/ ende aen bag-boozt zijn booz eerſt de
Kuſten ban Æthiopien ende de engte ban de roode zee/ gelijck oock de kuſte ban
Arabien/ de engte ban de Perſiſche zee/ met het Eplant ban Ormus, &c.

Js 't ſaecke dat ghy u cours wilt nemen ban het booznoemde epnd ban het
Eplandt ban S. Lauwerents na Cathaya, alsdan moet ghy eerſt trecken nae het
groote Eplandt ban Trapobanda, Weſt Noozd-Weſt/ ofte Weſt ten Noozden on-
trent

trent 1100. mijlen / het kan wel weſen dat ghy op die cours by vele Eplanden komt / om dat die Zee daer vol van is / het middendeel van het groote Eplandt leydt recht onder den Æquinoctiael linie/ ende de lenghte is ontrent 300. mijlen/ aen ſtuer-boozdt is het onbekende Landt van den Pool Antarcticus, ende aen bagh-boozt is de Straet van de roode Zee van Arabie / 't Eplandt van Ormus, de Perſiſche Zee / Calicut, ende de groote Reviere van Ganges; maer om van dat groot Eplandt van Trapobanda te gaen nae het groot Eplandt van Gilolo, het aldergrootſte onder de Molucces, is de cours Weſt / 1000. mijlen / doch men heeft tuſſchen de twee weghen een menighte van Eplanden / aen ſtuer-boozt is het Eplandt van Java ende Borneo, aen bagh-boozt zijnder de boozghenoemde Eplanden van Molucces met menighten / het Eplandt Gilolo heeft gheen wijdte om voozaecke dat het perpendiculariter leyt onder den Æquinoctiael : om van het Eplandt van Gilolo te gaen nae de Kuſten van China, is u cours Noozdt ten Ooſten ontrent 500. mijlen / de wijdte van China is ongebaer 25. graden/ aen ſtuer-boozt de Zee van America ofte Zur, ende aen bag-boozt zijn de Eplanden van Molucces, maer om de alderkoztſte wegh te gaen van het Epland van Trapobane nae China,ſoo is de cours Noozd-Weſt ten Weſten duyſent mijlen/ alſdan ſult ghy aen ſtuerboozd hebben alle de Eplanden van Molucces, ende aen bagboozt het blacke Landt van Aſien ofte Indien/alſdan is de cours vande Kuſten van China tot de groote Stadt van Quinzay in Cathaya Noozdt ten Weſten duyſent mijlen / ende de intrede van de Baye ofte haven van Quinzay leydt op 35. graden/hebbende aen ſtuer-boozt het vaſte Landt van America met het Eplandt van Japon, ende aen bag-boozt de Kuſten van China ende Cathay, &c.

Soo veel hebbe ick gheſeydt aengaende den wegh om te reyſen van Engelant nae Cathay ende Weſt-Indien / verhoopende dat den goetgunſtighe Leſer mijne oeffeninghe in dit diſcours ten beſten ſal nemen / al-hoe-wel men daer in gheheel ſich niet op verlaten mach/ om datſe in alles niet gheheel kozect weſen kan / want ick achte dat nimmermeer een Engelſman gheſien heeft een perfecte kaert van Ooſt-Indien / nochtans vertrouwe ick dat hy ſal overwegen de begeerte die ick hebbe om hem te behaghen teghen de miſlagen die hy ſoude komen te ſien.

Aengaende 't diſcours van den tweede wegh/ om van Engelant na Cathaya te trecken-booz ſo veel ende verre die bekent is/ dooz de enghte van Magallanes en de zee van Zur, is als volght. Eerſtelijck om u wegh van het Weſt-eynde van En- ghelandt nae de Enghte van Magallanes recht dooz te doen is niet moghelijcken/ uyt oozſake dat de Schepen gedwongen zijn haven te nemen/om't waters wille/ provianden ende andere noodtſakelijckheden : nochtans is onſe booznemen / alſo ſoo veel een cours van Enghelandt te ſtellen/tot die enghte/ op dat de Schipper ende Zee-varende luyden / haer ſouden komen verſien van water ende andere ververſſinghe / nae de alderbeſte ghelegentheydt/ &c. Dooz eerſt is de cours van Liſſaert tot de engte van Magallanes meeſtendeel zuyt Z. Weſt/ende Weſt ontrent 2400. mijlen op 32. en een half graden nae den Pool Antarcticus, hebbende aen ſtuer-boozt het vaſte Lant van America, ende aen bag-boozt Europa ende Africa.

De enghte gepaſſeert zijnde ſoo kan de cours weſen Weſt zuyt-weſt 140. mij- len aleermen recht inde zuydt zee is / als dan weſende in de ſelfde/ kanmen reyſen na Cathaya, ofte nae Molucques, ofte nae de haven van Panama : de Plaetſe daer de Koninghen van Spangien alle hare ſchatten krijghen/is Peru,van waer opwaerts loopt een reviere/ daer nae gheleydtmen die dooz een Collet van een Landt/ende dan wederom te Scheep dooz een reviere apul de Joelle,ende ſoo over
landt

trent 46. graden/ hebbende aen stuer-boozt de kuste van Asien, gelijck Mangie ende Cathay, ende aen bag-boozt America. Dit is 't gene ick te seggen hadde aengaende den derden weg die men na Cathay kan nemen.

Maer soo veel den vierden weg aengaet na Cathay, noch onbekent ende alleen upt presumtie datse soude wesen na het Noozd-O. van het Noozder deel van Ruyssen, ontrent dat quartier daer meester Barovel sijn openinge begost te doen/langst een Landt genaemt Nova Zembla, zijnde een Lant ofte een hoeck van een Landt welcke haer nae het Noozden streckt / nochtans onseecker tot hoe verre/ niet te min kan het zijn datmen dooz dien wegh soude komen varen indien men 't ondersoeckt. Doch om dooz dien wegh te varen na Cathaya, sal ick koztelijck mijn discours maecken. De wegh/ cours ende Lande is aen alle Zee-vaerders niet onbekent/ de wijtte der selve is 71. graden ende 20. minuten/ daerom achte ick beter sijn cours te nemen na het Oosten soo lange men komt te Nova Zembla, daer na volgende den wegh daer u het Landt nootsaeckelijcken sal toedwinghen ofte vergunnen/ op dier voegen sal konnen gebeuren datmen in die Zee bequamen seecker strate ofte engte daer dooz men passagie konden hebben / dat wanneer men het Lant bequaem als dan men ghenootsaecht soude zijn te zeplen waer het Noozd-Oosten ofte Nooz Noozd-Oost/ tot soo lange dat den Pool Antarcticus ware in de hooghte van 80. ofte 85. graden/ ende dan kannen noch sijnen cours houden tot soo langhe het ps een guelde / want het kan wesen datter in de wijtte van 80. graden geen ps gebonden werd/ al-hoe-wel men aen de Kuste van Bacculayos ps heeft in de wijtte van 50. graden / want niemandt kan sulcks verseeckeren / tot dat men het eens onderstaen ende bezoeft sal hebben.

Ende in den weg na het Oosten van de Noozd-Kaep tot datmen de openinge heeft van de Zee/ om te komen nae het Zupden in de zee van Cathay konnen zijn 100. ofte 120. mijlen/ ende dan hebt ghy aen stuer-boozt ofte rechter-boozt aldereerst Noozweghen ende Lappia, de Baya van St. Nicolaes, met de groote Riviere Obe, Nova Zembla, ende de Oostersche Kust van Asien, aen bag-boozt ofte slincker-boozdt is de Pool van 't Noozden / met de Landen wesende aen die syde/ indien daer eenige zijn/ ende daer de strant te houden van de landen welcke leggen Zupd-Oost/ Zupd Zupd-Oost ende Zupd/ van welcken men noch hebben kan vijf ofte ses hondert mijlen/ tot in de Bay van Quinzay in Cathaya, zijnde aen steur-boozt Asien ofte de Kuste van Mangie ende Cathaya, ende aen bag-boozt het vaste landt van America. Daer-en-boven konde het wel zijn datmen passagie tusschen Nova Zembla vonde/ ende de landen van Samoeten, dooz de Zee van Waygats, ende die weg konde wel wat kozter zijn als na het Noozden van Nova Zembla: alsdan sult ghy inde weg booz eerst hebben het Landt van de Samoeten, ghelijck als Licxora de Riviere Obi, ende Tartarien aen stuer-boozdt ofte rechter-zijde / ende aen bagh-boozt ofte slincker-boozdt Nova Zembla, &c. Alsoo hier mede ons eynde makende / aengaende den wegh Noozdt-Oost nae Cathay, sal dit onsen vierden wegh / cours ende discours hier over wesen. Doch ten aensien van den vijfden wegh/ cours ende middel om daer te komen/ sal mogelijck wesen mijn advijs daer over gherekent sal wozden booz een onnut ende dwaes verhael/ als wesende een saecke onmogelijck om upt te voeren/ nochtans niemandt kan het weten tot dat het ondersocht ende bezoeft zy / doch soo het mogelijck is/ als dan is de wegh ende middel van alle de bequaemste/ ende na mijn noozdeelisse soodanigh/ namelijck datmen neme de rechte linie nae den Pool/ indien

indien gheen Landt de cours belette/ nochtans mochte pemant ſeggen dat het is
aen de Zona die pſachtigh is/ dies niet teghenſtaende/ ſoo in die enghte ofte quar-
tier geen Landt ghebonden wordt/ ſoo ſal daer oock geen ps zijn/ want de groote
ſoute Zee bedzieſt nimmermeer/ ende al-hoe-wel men een groote menighte van
ps daer ſiet aen die ſijde van Labrador ende Baccalayes, ſoo is 't een teecken dat in
dat quartier nae den Pool veel landts is/ daer het ps hem laet binden in de
Rebieren ende Bloeden binnen het Landt/ welcke teghen den Somer in de zee
loopt/ want het is kennelijck tot waerſchijnnelijckheydt van het gheene ghe-
ſeydt is/ dat men ſelden bindt eenigh ps by den Pool Antarcticus des al eer men 't
niet onderſtaen heeft kan men 't niet weten/ maer al de twijffelinghen van recht
nae den Pool te trecken/ beſtaet voornamentlijck datmen ſich laet voorſtaen
de ober groote koude/ nochtans kan het weſen dat het daer natuerlijck warm
zp/ ten aenſien van het tegendeel dat bekent is/ upt oorſake dat in den tijdt van
neghen weecken in welcke de Son nopt minder is dan 20. graden boben den
Horizon/ dien omlopende te giſſen ſtaet dat de Son de noordelijcker lucht in die
quartieren berwarmt/ ende dat inſonderheydt indien inde zee gheen ps en drijft/
want tot meta incognita is 't niet ſeer kout/ om datmen 't onder het ps niet en bint/
want alſmen daer in de zee is/ ende niet ontrent het ps ſoo is 't daer ſeer warm/
ban ghelijcken indienmen in het Landt is ſoo iſſet daer oock warm/ ſoo dat de
groote koude nerghens upt ontſtaet dan door de lucht/ die door de lucht ban het
ps kout ghemaeckt is.

    Om nu de paſſagie ban Cathay berder te bezeplen/ ende recht nae het Noorden
te trecken/ ſoo lang tot dat men perpendiculariter onder den Pool zp/ om als dan
te zeplen na het zupden/ na het tegen gelegen deel ban de ander zijde ban den Pool/
't welck wel doenlijck is indien gheen Landt ſulcks berhinderde/ als dan ſal de
gantſche diſtantie weſen in duſdanigen cours/ ban de rebiere Londen tot de Baye
ban Luynzay niet meer dan 1660. mijlen/ 't welcke een kleyne wegh is/ ten aen-
ſien ban de anderen die ghebzupckt ende bekent zijn.

    Maer mogghelijck ſal pemandt hier konnen boor bzenghen ende ſeggen dat het
niet doenlijck is/ dat pemant ſijn cours ſette recht nae den Pool/ om daer per-
pendiculariter onder te komen/ want men ſoude niet konnen weten/ nae wat
zijde dat de naelde ban den Quadrant/ als dan ſoude trecken/ ban gelijcken we-
ſende onder de Pool/ alle quartieren ſullen zupd weſen/ waer henen ghp oock ſult
willen zeplen/ oock is de Sonne daer ban een hooghte/ ſoo dat ghp niet ſult
konnen doen eenighe proebe om te zeplen herwaerts ofte derwaerts/ daerom
is te preſumeeren/ 't gheene eenighe bp bzenghen/ dattet onmoghelijck zp te
bedencken ende te binden een inſtrument/ welck ban plaets tot plaetſe leydt.
Dat elck quartier weſende onder de Pool in wat voort des Werelts het oock
mach zijn/ altijdt zupd leydt/ is ten aenſien ban hem die daer is/ ende ſoo
de Zee daer open is/ de cours daer in ſal oock zupd weſen. Niet teghenſtaende 't
gheene hier booren gheſeydt is/ ſoo ſal ick toonen 't gheene ſtrecken ſal tot
een ſeeckere leydinghe ban een beſtemde plaets/ want wanneermen perpendi-
culariter onder de Pool is/ om te weten of men ginswaerdts ofte henewaerts
gaet ofte eenighe andere cours/ diemen voorghenomen heeft/ indien men het
gheſichte ban de Son hebben kan: ende dit ſal op deſe maniere gheſchieden/
boor eerſt bereydt u een klocrrken ofte uur-werck/ alſoo ghemaeckt dat den
quadrant in den tijdt ban 24. uren ſijnen cours epndighet/ ende daer bp ghe-
daen zijnde/ dat de 24. uten recht op den middagh haren cours bolbzenghen/

om

FINIS.

CPSIA information can be obtained at www.ICGtesting.com
Printed in the USA
BVOW06s0325060813

327953BV00008B/185/A